Nova et Vetera

Texte und Kommentare
zu Themen
christlicher Spiritualität

hrsg. von

Prof. Dr. Johannes Stöhr

Nr. 7

DIE FIRMUNG
SAKRAMENT CHRISTI UND DER KIRCHE

Köln 2008

Prof. Dr. Johannes Stöhr

Die Firmung
Sakrament Christi und der Kirche

Köln 2008

Nova et Vetera

Texte und Kommentare
zu Themen christlicher Spiritualität

hrsg. von
Prof. Dr. Johannes Stöhr

Nr. 7

Die Firmung

Sakrament Christi und der Kirche

Köln 2008

Bibliographische Information der Deutschen Nationalbibliothek
Die Deutsche Nationalbibliothek verzeichnet diese Publikation in der
Deutschen Nationalbibliographie: detaillierte bibliographische Angaben
sind im Internet über http://dnd.d-nb.de abrufbar.

Johannes Stöhr,
»Die Firmung, Sakrament Christi und der Kirche«

1. Auflage 2008
© 2008 Johannes Stöhr
Alle Rechte vorbehalten
■ Herstellung und Verlag: Books on Demand GmbH, Norderstedt
Printed in Germany
ISBN-13: 9783837053777

Editorial

Die vorliegende themenbezogene Zusammenstellung von Texten möchte einen einfachen Zugang zu Quellen erleichtern, als Arbeitshilfe und Materialsammlung für dogmatische und pastorale Studien und Anregung für die geistliche Lesung, Meditation und Verkündigung; sie dient jedoch nicht unmittelbar praktischen Zwecken. Bewusst sind nur Texte der Hl. Schrift, von Kirchenvätern, Heiligen und kirchlich offiziell anerkannten Theologen aufgenommen. Die Zusammenstellung entsprechender authentischer Texte soll dazu beitragen, das reiche Gedankengut der Christenheit in Bezug auf die Firmung zu verbreiten. So könnte man der bei uns nicht seltenen Verflachung, Verkürzung, ja Profanisierung der Firmvorbereitung entgegenwirken. Doch ist hier nicht an wissenschaftliche Innovationen gedacht; Einzelfragen der Liturgiegeschichte, Pneumatologie oder nach dem Firmalter werden nicht näher behandelt – dazu sei auf das Literaturverzeichnis verwiesen (vgl. besonders das Werk von M. Hauke).

Eine Übersetzung kann den ursprünglichen Sinn oft nur unzureichend wiedergeben und hat gewiss verschiedentlich noch Unebenheiten; daher ist der – meist lateinische – Urtext zum Vergleich nützlich – einige Quellen sind dabei in etwas erweiterter Form zugänglich gemacht. In dem früher in dieser Reihe publizierten Band „*Tapferkeit und Starkmut*" (Nova et Vetera, 6; Bamberg 1995; im Internet: http://www.teol.de/Fort.pdf) finden sich weitere einschlägige Texte.

J. St

Inhaltsverzeichnis

Das Sakrament der Firmung.

Das irdische Leben des Menschen ist kein problemlos–zahmes Wachstum, sondern von Auseinandersetzung und Kampf geprägt (vgl. Job 7, 1). Christus hat seinen Jüngern jedoch für die Tage der Not und Verfolgung einen besonderen Beistand versprochen: *„Wenn man euch vor die Gerichte der Synagogen und vor die Herrscher und Machthaber schleppt, dann macht euch keine Sorgen, wie ihr euch verteidigen oder was ihr sagen sollt. Denn der Heilige Geist wird euch in der gleichen Stunde eingeben, was ihr sagen müsst"* (Lk 12, 11-12). Der Apostel fordert dazu auf, als gute Soldaten Christi zu kämpfen (vgl. 1 Tim 6, 12)

Schon im Alten Bund erscheint der Geist Gottes als Ursprung von Leben, Freude und Trost, er führt zur Wahrheit, bewegt dazu, dem Willen Gottes gleichförmig zu werden und erneuert das Herz. Für die messianische Zeit ist die Fülle seiner Gaben verheißen.

Das Leben der Gnade, das wir in der Taufe empfangen haben, gelangt in der Firmung zur Reife. Die Firmung galt von altersher als Vollendung der Taufe. Daher wurden im Altertum weithin beide Sakramente zusammen gespendet, wie auch heute in der Ostkirche. Durch die Firmung werden wir von Minderjährigen zu Mitkämpfern gewandelt. Zusammen mit der Taufe bedeutet die Firmung für die Gläubigen eine sakramentale Sendung zum Zeugnis und zum Dienst für Gott. Wenn die Firmung das Taufgeschehen vollendet, so ist sie deshalb aber keineswegs ein Teil- oder Nebensakrament[1].

Im Sakrament der Firmung erfüllt uns Christus, der dieses Sakrament eigens eingesetzt hat, mit dem Heiligen Geist und seinen Gaben zur inneren Stärkung des Gnadenlebens und zur mutigen äußeren Bezeugung des Glaubens. Der Heilige Geist wird uns beistehen, damit wir mit Festigkeit und Überzeugungskraft den Glauben bekennen und verteidigen können. Er gibt uns Kraft im Kampf gegen die Feinde unseres Heils: den Teufel, unsere schlechten Neigungen und das Böse in der Welt. Er befähigt uns dazu, an der Heiligung der Welt mitzuwirken und in der Familie, im Beruf und im öffentlichen Leben apostolisch wirksam zu sein.

Das natürliche Leben gilt als reif, wenn es fähig wird zur Zeugung und Weitergabe des eigenen Lebens. Ähnlich gibt es im Gnadenleben eine Art

---

[1] Zu diesbezüglichen theologischen Irrtümern vgl. M. HAUKE, *Die Firmung*, Paderborn 1999, 236-239

Qualität zur Zeugung auf den anderen hin, in der Hinwendung auf die Gemeinschaft und zum Apostolat – allerdings nicht abhängig vom natürlichen Lebensalter.

In der Firmung geschieht eine sakramentale Vergegenwärtigung von des Pfingstgeschehens statt, sie stellt „das in der Kirche und im einzelnen Gläubigen erneuerte und weiterdauernde Pfingsten dar" (*L. Scheffczyk*[2]). Das Wort Firmung meint Stärkung, Befestigung und Kräftigung. Das Sakrament als heilserfülltes Zeichen bedeutet aber viel mehr. Mit ihm empfängt man die Tugendkraft der Tapferkeit, um nicht vor den Hindernissen zurückzuweichen, die sich auf dem Weg des christlichen Lebens erheben. Die Auflegung der Hände und das Kreuzzeichen mit dem heiligen Öl machen uns Christus ähnlicher und vermitteln uns die Gnade und das Gebot, „Christi Wohlgeruch", den „*bonus odor Christi*" unter den Menschen zu verbreiten (vgl. 2 Kor 2, 15). Der Gefirmte kann nun ein Tempel des Hl. Geistes sein (1 Kor 6, 19), vom Hl. Geist „besiegelt" (vgl. Eph 1, 13); in seinem Leben sollen die Früchte des Geistes aufbrechen (Gal 5, 22 f.): „Liebe, Friede, Freude, Geduld, Milde, Güte, Langmut, Sanftmut, Treue, Mäßigkeit, Enthaltsamkeit, Keuschheit".

Der Empfang dieses Sakramentes soll den Christen somit zur Intensivierung seines persönlichen Apostolats führen und zu größerer Vorbildlichkeit in seinen familiären und sozialen Beziehungen. Jeder Getaufte im Gnadenstand kann und soll die hl. Firmung empfangen. Vorgeschrieben ist der Empfang der Firmung für alle, welche das Sakrament der Ehe[3] oder der Weihe[4] empfangen oder in einen Orden aufgenommen werden sollen[5].

Ordentlicher Spender des Sakramentes ist der Bischof. Viele Christen begegnen ihrem Bischof in ihrem Leben nur bei dieser Gelegenheit näher. Ein Priester kann nach dem Kirchenrecht nur als außerordentlicher Spender in Frage kommen.

Das *Konzil von Trient* dogmatisierte die göttliche Einsetzung der Firmung, ihre Sakramentalität und Eigenständigkeit gegenüber der Taufe[6]. Im *Zweiten Vatikanischen Konzil* ist die Zusammengehörigkeit der Initiationssakramente und die Hinordnung auf die Eucharistie verdeutlicht worden. Der *Katechis-*

---

[2]   Vgl. L. SCHEFFCZYK, *Die Firmung als Sakrament der Kirche*, Christliches ABC. Heute und Morgen, Bd. IV Gruppe 4 (1979-1982) S. 5

[3]   *Codex Iuris Canonici*, Can. 1065 § 1

[4]   CIC, Can.1033

[5]   CIC, Can. 645 § 1

[6]   TRIDENTINUM, sess. 7 *de sacr.*, Can. 1; *De confirm.*, Can. 1

mus der Katholischen Kirche sagt über die Wirkungen dieses „Sakramentes des Heiligen Geistes": „Die Firmung führt zum Wachstum und zur Vertiefung der Taufgnade: – Sie verwurzelt uns tiefer in der Gotteskindschaft, die uns sagen lässt: „*Abba, Vater!*" (Röm 8, 15); – sie vereint uns fester mit Christus; – sie vermehrt in uns die Gaben des Heiligen Geistes; – sie verbindet uns vollkommener mit der Kirche; – sie schenkt uns eine besondere Kraft des Heiligen Geistes, um in Wort und Tat als wahre Zeugen Christi den Glauben auszubreiten und zu verteidigen, den Namen Christi tapfer zu bekennen und uns nie des Kreuzes zu schämen[7]".

Diese „Salbung" und Besiegelung des Menschen mit dem Hl. Geist bedeutet etwas Unwiderrufliches und Bleibendes. Daher kann die Firmung nicht wiederholt werden. Sie bedeutet ein Prägemal, das mit dem Leben Christi verbindet und für entsprechende Gnadenhilfen disponiert.

Biblische Themen:

Prophetische Ankündigung der Geistsendung für die messianische Zeit: Joel 2, 28; 3, 1-5 (zitiert in Apg 2, 17-21); Jes 11, 1-2; 12, 3; 32, 15; 44, 3; 58, 11; 59, 21; Ez 11, 19; 36, 25; 39, 29. Die Salbung von Priestern und Königen wird Bild für die Geistausrüstung des endzeitlichen Propheten. Der Messias (d. h. Christus) ist der Gesalbte; ja auf ganz Israel soll der Geist Gottes ausgegossen werden Ez 36, 25-27.

Die Firmung ist von Jesus als Geistsendung verheißen: Mk 13, 9-11; Lk 12, 12; 24, 48-49; Joh 7, 37-39; 14, 16.25-26; 15, 26; 16, 7-11.13-15; Apg 1, 8.

Die Firmung der Apostel und Urgemeinde geschieht unmittelbar durch den Heiligen Geist selbst: Apg 2, 1-13 – ähnlich: Apg 10, 44-48; 11, 15-16.

Petrus und Johannes firmen in Samaria mit der Handauflegung: Apg 8, 14-17. Ephesus: Apg 19, 5 f. Vermittelt wird dabei die Gabe des Hl. Geistes (Apg 2, 38), bzw. der Heilige Geist (Apg 8, 15.17-19; 19, 2)

Paulus spricht von der Firmung: 2 Kor 1, 21-22; 5, 5; Eph 1, 13-14; 4, 30; Hbr 6, 2.

Paulus firmt: Apg 19, 1-7.

Johannes: 1 Joh 2, 20.27.

---

[7] *Katechismus der Katholischen Kirche* [=KKK], 1303

Schrifttexte

1. Ez 36, 26-27

Ich schenke euch ein neues Herz und lege einen neuen Geist in euch. Ich nehme das Herz von Stein aus eurer Brust und gebe euch ein Herz von Fleisch. Ich lege meinen Geist in euch und bewirke, dass ihr meinen Gesetzen folgt und auf meine Gebote achtet und sie erfüllt.

Et dabo vobis cor novum et spiritum novum ponam in medio vestri et auferam cor lapideum de carne vestra et dabo vobis cor carneum. Et spiritum meum ponam in medio vestri et faciam, ut in praeceptis meis ambuletis et iudicia mea custodiatis et operemini.

2. Jes 11, 1-2

Doch aus dem Baumstumpf Isais wächst ein Reis hervor, ein junger Trieb aus seinen Wurzeln bringt Frucht. Der Geist des Herrn lässt sich nieder auf ihm: der Geist der Weisheit und der Einsicht, der Geist des Rates und der Stärke, der Geist der Erkenntnis und der Gottesfurcht.

Et egredietur virga de radice Jesse et flos de radice eius ascendet. Et requiescet super eum spiritus Domini, spiritus sapientiae et intellectus, spiritus consilii et fortitudinis, spiritus scientiae et pietatis.

3. Mk 1, 9-11

In jenen Tagen kam Jesus aus Nazaret in Galiläa und ließ sich von Johannes im Jordan taufen. Und als er aus dem Wasser stieg, sah er, dass der Himmel sich öffnete und der Geist wie eine Taube auf ihn herabkam. Und eine Stimme aus dem Himmel sprach: Du bist mein geliebter Sohn, an Dir habe ich Gefallen gefunden.

Et factum est in diebus illis venit Iesus a Nazareth Galilaeae, et baptizatus est in Jordane ab Johanne. Et statim ascendens de aqua vidit apertos caelos et Spiritum tamquam columbam descendentem et manentem in ipso, et vox facta est de caelis: Tu es Filius meus dilectus, in te complacui.

4. Lk 24, 48-49

Ihr seid Zeugen dafür. Und ich werde die Gabe, die mein Vater verheißen hat, zu euch herab senden. Bleibt in der Stadt, bis ihr mit der Kraft aus der Höhe erfüllt werdet.

Vos estis testes horum. Et ecce ego mitto promissum Patris mei in vos; vos autem sedete in civitate, quoadusque induamini virtutem ex alto.

5. Joh 7, 37-39

Am letzten Tag des Festes, dem großen Tag, stellte sich Jesus hin und rief: Wer Durst hat, komme zu mir, und es trinke, wer an mich glaubt. Wie die Schrift sagt: *Aus seinem Inneren werden Ströme von lebendigem Wasser fließen.* Damit meinte er den Geist, den alle empfangen sollten, die an ihn glauben; denn der Geist war noch nicht gegeben, weil Jesus noch nicht verherrlicht war.

In novissimo autem die magno festivitatis stabat Jesus et clamabat dicens: si quis sitit veniat ad me et bibat, qui credit in me, sicut dixit scriptura: flumina de ventre eius fluent aquae vivae. Hoc autem dixit de Spiritu, quem accepturi erant credentes in eum; non enim erat Spiritus quia Jesus nondum fuerat glorificatus.

6. Joh 14, 15-17

Wenn ihr mich liebt, werdet ihr meine Gebote halten. Und ich werde den Vater bitten, und er wird euch einen anderen Beistand geben, der für immer bei euch bleiben soll. Es ist der Geist der Wahrheit, den die Welt nicht empfangen kann, weil sie ihn nicht sieht und nicht kennt. Ihr aber kennt ihn, weil er bei euch bleibt und in euch sein wird.

Si diligitis me, mandata mea servate. Et ego rogabo Patrem et alium paracletum dabit vobis ut maneat vobiscum in aeternum, Spiritum veritatis, quem mundus non potest accipere, quia non videt eum nec scit eum; vos autem cognoscitis eum, quia apud vos manebit et in vobis erit.

7. Joh 14, 25-26

Das habe ich zu euch gesagt, während ich noch bei euch bin. Der Beistand aber, der Heilige Geist, den der Vater in meinem Namen senden wird, der wird euch alles lehren und euch an alles erinnern, was ich euch gesagt habe.

Haec locutus sum vobis apud vos manens. Paraclitus autem, Spiritus Sanctus, quem mittet Pater in nomine meo, ille vos docebit omnia et suggeret vobis omnia, quae dixi vobis.

8. Joh 15, 26

Wenn aber der Beistand kommt, den ich euch vom Vater aus senden werde, der Geist der Wahrheit, der vom Vater ausgeht, dann wird er Zeugnis für mich ablegen.

Cum autem venerit Paraclitus, quem ego mittam vobis a Patre, Spiritum veritatis, qui a Patre procedit, ille testimonium perhibebit de me.

9.   Joh 16, 7-11.13-15

Doch ich sage euch die Wahrheit: Es ist gut für euch, dass ich fortgehe. Denn wenn ich nicht fortgehe, wird der Beistand nicht zu euch kommen; gehe ich aber, so werde ich ihn zu euch senden. Und wenn er kommt, wird er die Welt überführen (und aufdecken), was Sünde, Gerechtigkeit und Gericht ist; Sünde: dass sie nicht an mich glauben; Gerechtigkeit: dass ich zum Vater gehe und ihr mich nicht mehr seht; Gericht: dass der Herrscher dieser Welt gerichtet ist.

Wenn aber jener kommt, der Geist der Wahrheit, wird er euch in die ganze Wahrheit führen. Denn er wird nicht aus sich selbst heraus reden, sondern er wird sagen, was er hört, und euch verkünden, was kommen wird. Er wird mich verherrlichen; denn er wird von dem, was mein ist, nehmen und es euch verkünden. Alles, was der Vater hat, ist mein; darum habe ich gesagt: Er nimmt von dem, was mein ist, und wird es euch verkünden.

Sed ego veritatem dico vobis: Expedit vobis, ut ego vadam. Si enim non abiero, Paraclitus non veniet ad vos; si autem abiero, mittam eum ad vos. Et cum venerit ille, arguet mundum de peccato et de iustitia et de iudicio: de peccato quidem, quia non credunt in me; de iustitia vero, quia ad Patrem vado, et iam non videtis me; de iudicio autem, quia princeps mundi huius iudicatus est.

Cum autem venerit ille, Spiritus veritatis, deducet vos in omnem veritatem; non enim loquetur a semetipso, sed quaecumque audiet, loquetur, et quae ventura sunt, annuntiabit vobis. Ille me clarificabit, quia de meo accipiet et annuntiabit vobis. Omnia, quaecumque habet Pater, mea sunt; propterea dixi quia de meo accipit et annuntiabit vobis.

10.   Apg 1, 8

Ihr werdet die Kraft des Heiligen Geistes empfangen, der auf euch herabkommen wird; und ihr werdet meine Zeugen sein in Jerusalem und in ganz Judäa und Samarien und bis an die Grenzen der Erde.

Accipietis virtutem supervenientis Spiritus Sancti in vos, et eritis mihi testes in Jerusalem et in omni Judaea et Samaria et usque ad ultimum terrae.

11.   Apg 2, 1-13

Als der Pfingsttag gekommen war, befanden sich alle am gleichen Ort. Da kam plötzlich vom Himmel her ein Brausen, wie wenn ein heftiger Sturm daherfährt, und erfüllte das ganze Haus, in dem sie waren. Und es erschienen ihnen Zungen wie von Feuer, die sich verteilten; auf jeden von ihnen ließ sich eine nieder. Alle wurden mit dem Heiligen Geist erfüllt und begannen, in fremden Sprachen zu reden, wie es der Geist ihnen eingab. In Jerusalem aber wohnten Juden, fromme Männer aus allen Völkern unter dem Himmel. Als sich das Getöse erhob, strömte die Menge zusammen und war ganz bestürzt; denn jeder hörte sie in seiner Sprache reden. Sie gerieten außer sich vor Staunen und sagten: Sind das nicht alles Galiläer, die hier reden? Wieso kann sie jeder von uns in seiner Muttersprache hören: Parther, Meder und Elamiter, Bewohner von Mesopotamien, Judäa und Kappadozien, von Pontus und der Provinz Asien, von Phrygien und Pamphylien, von Ägypten und dem Gebiet Libyens nach Zyrene hin, auch die Römer, die sich hier aufhalten, Juden und Proselyten, Kreter und Araber, wir hören sie in unseren Sprachen Gottes große Taten verkünden. Alle gerieten außer sich und waren ratlos. Die einen sagten zueinander: Was hat das zu bedeuten? Andere aber spotteten: Sie sind vom süßen Wein betrunken.

Et cum compleretur dies Pentecostes, erant omnes pariter in eodem loco. Et factus est repente de caelo sonus tamquam advenientis spiritus vehementis, et replevit totam domum, ubi erant sedentes. Et apparuerunt illis dispertitae linguae tamquam ignis, seditque supra singulos eorum; et repleti sunt omnes Spiritu Sancto et coeperunt loqui aliis linguis, prout Spiritus dabat eloqui illis. Erant autem in Ierusalem habitantes Judaei, viri religiosi ex omni natione, quae sub caelo est; facta autem hac voce, convenit multitudo et confusa est, quoniam audiebat unusquisque lingua sua illos loquentes. Stupebant autem et mirabantur dicentes: «Nonne ecce omnes isti, qui loquuntur, Galilaei sunt? Et quomodo nos audimus unusquisque propria lingua nostra, in qua nati sumus? Parthi et Medi et Elamitae, et qui habitant Mesopotamiam, Iudaeam quoque et Cappadociam, Pontum et Asiam, Phrygiam quoque et Pamphyliam, Aegyptum et partes Libyae, quae est circa Cyrenem, et advenae Romani, Judaei quoque et proselyti, Cretes et Arabes, audimus loquentes eos nostris linguis magnalia Dei». Stupebant autem omnes et haesitabant ad invicem dicentes: «Quidnam hoc vult esse?»; alii autem irridentes dicebant: «Musto pleni sunt isti».

12. Apg 8, 14-17

Als die Apostel in Jerusalem hörten, dass Samaria das Wort Gottes angenommen hatte, sandten sie Petrus und Johannes dorthin. Diese zogen hinab und beteten für sie, sie möchten den Heiligen Geist empfangen. Denn er war noch auf keinen von ihnen herabgekommen; sie waren nur auf den Namen Jesu, des Herrn, getauft. Dann legten sie ihnen die Hände auf, und sie empfingen den Heiligen Geist.

Cum autem audissent apostoli, qui erant Hierosolymis, quia recepit Samaria verbum Dei, miserunt ad illos Petrum et Joannem, qui cum descendissent, oraverunt pro ipsis, ut acciperent Spiritum Sanctum; nondum enim super quemquam illorum venerat, sed baptizati tantum erant in nomine Domini Jesu. Tunc imposuerunt manus super illos, et accipiebant Spiritum Sanctum.

13. Apg 10, 44-48

Noch während Petrus dies sagte, kam der Heilige Geist auf alle herab, die das Wort hörten. Die gläubig gewordenen Juden, die mit Petrus gekommen waren, konnten es nicht fassen, dass auch auf die Heiden die Gabe des Heiligen Geistes ausgegossen wurde. Denn sie hörten sie in Zungen reden und Gott preisen. Petrus aber sagte: Kann jemand denn das Wasser zur Taufe verweigern, die ebenso wie wir den Heiligen Geist empfangen haben? Und er ordnete an, sie im Namen Jesu Christi zu taufen. Danach baten sie ihn, einige Tage zu bleiben.

Adhuc loquente Petro verba haec, cecidit Spiritus Sanctus super omnes, qui audiebant verbum. Et obstupuerunt, qui ex circumcisione fideles, qui venerant cum Petro, quia et in nationes gratia Spiritus Sancti effusa est; audiebant enim illos loquentes linguis et magnificantes Deum. Tunc respondit Petrus: «Numquid aquam quis prohibere potest, ut non baptizentur hi, qui Spiritum Sanctum acceperunt sicut et nos?» Et iussit eos in nomine Jesu Christi baptizari. Tunc rogaverunt eum, ut maneret aliquot diebus.

14. Apg 11, 15-16

Während ich redete, kam der Heilige Geist auf sie herab, wie am Anfang auf uns. Da erinnerte ich mich an das Wort des Herrn: Johannes hat mit Wasser getauft, ihr aber werdet mit dem Heiligen Geist getauft werden.

Cum autem coepissem loqui, decidit Spiritus Sanctus super eos sicut et super nos in initio. Recordatus sum autem verbi Domini sicut dicebat: *„Johannes quidem baptizavit aqua, vos autem baptizabimini in Spiritu Sancto".*

15. Apg 19, 1-7

Während Apollos sich in Korinth aufhielt, durchwanderte Paulus das Hochland und kam nach Ephesus hinab. Er traf einige Jünger und fragte sie: Habt ihr den Heiligen Geist empfangen, als ihr gläubig wurdet? Sie antworteten ihm: Wir haben noch nicht einmal gehört, dass es einen Heiligen Geist gibt. Da fragte er: Mit welcher Taufe seid ihr denn getauft worden? Sie antworteten: Mit der Taufe des Johannes. Paulus sagte: Johannes hat mit der Taufe der Umkehr getauft und das Volk gelehrt, sie sollten an den glauben, der nach ihm komme: an Jesus. Als sie das hörten, ließen sie sich auf den Namen Jesu, des Herrn, taufen. Paulus legte ihnen die Hände auf, und der Heilige Geist kam auf sie herab; sie redeten in Zungen und weissagten. Es waren im ganzen ungefähr zwölf Männer.

Factum est autem cum Apollo esset Corinthi, ut Paulus, peragratis superioribus partibus, veniret Ephesum et inveniret quosdam discipulos, dixitque ad eos: «*Si Spiritum Sanctum accepistis credentes?*». At illi ad eum: «Sed neque si Spiritus Sanctus est audivimus». Ille vero ait: «*In quo ergo baptizati estis?*». Qui dixerunt: «*In Joannis baptismate*». Dixit autem Paulus: «*Joannes baptizavit baptisma paenitentiae, populo dicens in eum, qui venturus esset post ipsum ut crederent, hoc est in Jesum*». His auditis, baptizati sunt in nomine Domini Jesu, et cum imposuisset illis manus Paulus, venit Spiritus Sanctus super eos, et loquebantur linguis et prophetabant. Erant autem omnes viri fere duodecim.

16. Röm 5, 5

Die Hoffnung aber läßt nicht zugrunde gehen; denn die Liebe Gottes ist ausgegossen in unsere Herzen durch den Heiligen Geist, der uns gegeben ist.

Spes autem non confundit, quia caritas Dei diffusa est in cordibus nostris per Spiritum Sanctum, qui datus est nobis.

17. Röm 8, 14-17

Denn alle, die sich vom Geist Gottes leiten lassen, sind Söhne Gottes. Denn ihr habt nicht einen Geist empfangen, der euch zu Sklaven macht, so dass ihr euch immer noch fürchten müßtet, sondern ihr habt den Geist empfangen, der euch zu Söhnen macht, den Geist, in dem wir rufen: Abba, Vater! So bezeugt der Geist selber unserem Geist, dass wir Kinder Gottes sind. Sind wir aber Kinder, dann auch Erben; wir sind Erben Gottes und sind Miterben Christi, wenn wir mit ihm leiden, um mit ihm auch verherrlicht zu werden.

Quicumque enim Spiritu Dei aguntur hi filii sunt Dei. Non enim accepistis spiritum servitutis iterum in timore sed accepistis Spiritum adoptionis filiorum in quo clamamus Abba Pater. Ipse Spiritus testimonium reddit spiritui nostro quod sumus filii Dei. Si autem filii et heredes heredes quidem Dei coheredes autem Christi, si tamen compatimur ut et conglorificemur.

18. Röm 8, 26-27

So nimmt sich auch der Geist unserer Schwachheit an. Denn wir wissen nicht, worum wir in rechter Weise beten sollen; der Geist selber tritt jedoch für uns ein mit Seufzen, das wir nicht in Worte fassen können. Und Gott, der die Herzen erforscht, weiß, was die Absicht des Geistes ist: Er tritt so, wie Gott es will, für die Heiligen ein.

Similiter autem et Spiritus adiuvat infirmitatem nostram, nam quid oremus sicut oportet nescimus, sed ipse Spiritus postulat pro nobis gemitibus inenarrabilibus.

Qui autem scrutatur corda scit quid desideret Spiritus, quia secundum Deum postulat pro sanctis.

19. Röm 12, 1-2

Angesichts des Erbarmens Gottes ermahne ich euch, meine Brüder, euch selbst als lebendiges und heiliges Opfer darzubringen, das Gott gefällt; das ist für euch der wahre und angemessene Gottesdienst. Gleicht euch nicht dieser Welt an, sondern wandelt euch und erneuert euer Denken, damit ihr prüfen und erkennen könnt, was der Wille Gottes ist: was ihm gefällt, was gut und vollkommen ist.

Obsecro itaque vos fratres per misericordiam Dei, ut exhibeatis corpora vestra hostiam viventem sanctam Deo placentem rationabile obsequium vestrum, et nolite conformari huic saeculo, sed reformamini in novitate sensus vestri, ut probetis quae sit voluntas Dei bona et placens et perfecta.

20. 1 Kor 3, 16-17

Wisst ihr nicht, dass ihr Gottes Tempel seid und der Geist Gottes in euch wohnt? Wer den Tempel Gottes verdirbt, den wird Gott verderben. Denn Gottes Tempel ist heilig, und der seid ihr.

Nescitis quia templum Dei estis et Spiritus Dei habitat in vobis ? Si quis autem templum Dei violaverit disperdet illum Deus templum enim Dei sanctum est quod estis vos.

21. 1 Kor 12, 4-13

Es gibt verschiedene Gnadengaben, aber nur den einen Geist Es gibt verschiedene Dienste, aber nur den einen Herrn. Es gibt verschiedene Kräfte, die wirken, aber nur den einen Gott: Er bewirkt alles in allen. Jedem aber wird die Offenbarung des Geistes geschenkt, damit sie anderen nützt. Dem einen wird vom Geist die Gabe geschenkt, Weisheit mitzuteilen, dem andern durch den gleichen Geist die Gabe, Erkenntnis zu vermitteln, dem dritten im gleichen Geist Glaubenskraft, einem andern – immer in dem einen Geist – die Gabe, Krankheiten zu heilen, einem andern Wunderkräfte, einem andern prophetisches Reden, einem andern die Fähigkeit, die Geister zu unterscheiden, wieder einem andern verschiedene Arten von Zungenrede, einem andern schließlich die Gabe, sie zu deuten. Das alles bewirkt ein und derselbe Geist; einem jeden teilt er seine besondere Gabe zu, wie er will. Denn wie der Leib eine Einheit ist, doch viele Glieder hat, alle Glieder des Leibes aber, obgleich es viele sind, einen einzigen Leib bilden: so ist es auch mit Christus. Durch den einen Geist wurden wir in der Taufe alle in einen einzigen Leib aufgenommen, Juden und Griechen, Sklaven und Freie; und alle wurden wir mit dem einen Geist getränkt.

Divisiones vero gratiarum sunt, idem autem Spiritus; et divisiones ministrationum sunt, idem autem Dominus; et divisiones operationum sunt, idem vero Deus, qui operatur omnia in omnibus. Unicuique autem datur manifestatio Spiritus ad utilitatem: alii quidem per Spiritum datur sermo sapientiae, alii autem sermo scientiae secundum eundem Spiritum, alteri fides in eodem Spiritu, alii gratia sanitatum in uno Spiritu, alii operatio virtutum, alii prophetatio, alii discretio spirituum, alii genera linguarum, alii interpretatio sermonum. Haec autem omnia operatur unus atque idem Spiritus dividens singulis prout vult. Sicut enim corpus unum est et membra habet multa, omnia autem membra corporis cum sint multa unum corpus sunt, ita et Christus. Etenim in uno Spiritu omnes nos in unum corpus baptizati sumus sive Iudaei sive gentiles sive servi sive liberi, et omnes unum Spiritum potati sumus.

22. 2 Kor 1, 21-22

Gott aber, der uns und euch in der Treue zu Christus festigt und der uns alle gesalbt hat, er ist es auch, der uns sein Siegel aufgedrückt und als ersten Anteil (am verheißenen Heil) den Geist in unser Herz gegeben hat.

Qui autem confirmat nos vobiscum in Christum et qui unxit nos Deus, et qui signavit nos et dedit arrabonem Spiritus in cordibus nostris.

23. 2 Kor 5, 5

Gott aber, der uns gerade dazu fähig gemacht hat, er hat uns auch als ersten Anteil den Geist gegeben.

Qui autem effecit nos in hoc ipsum, Deus, qui dedit nobis arrabonem Spiritus.

24. Gal 5, 16-17

Darum sage ich: Laßt euch vom Geist leiten, dann werdet ihr das Begehren des Fleisches nicht erfüllen. Denn das Begehren des Fleisches richtet sich gegen den Geist, das Begehren des Geistes aber gegen das Fleisch; beide stehen sich als Feinde gegenüber, so dass ihr nicht imstande seid, das zu tun, was ihr wollt.

Dico autem: spiritu ambulate et desiderium carnis non perficietis. Caro enim concupiscit adversus spiritum, spiritus autem adversus carnem; haec enim invicem adversantur, ut non quaecumque vultis illa faciatis.

25. Gal 5, 22-25

Die Frucht des Geistes aber ist Liebe, Freude, Friede, Langmut, Freundlichkeit, Güte, Treue, Sanftmut und Selbstbeherrschung; dem allem widerspricht das Gesetz nicht. Alle, die zu Christus Jesus gehören, haben das Fleisch und damit ihre Leidenschaften und Begierden gekreuzigt. Wenn wir aus dem Geist leben, dann wollen wir dem Geist auch folgen.

Fructus autem Spiritus est caritas, gaudium, pax, longanimitas, bonitas, benignitas, fides, modestia, continentia; adversus huiusmodi non est lex. Qui autem sunt Christi, carnem crucifixerunt cum vitiis et concupiscentiis. Si vivimus spiritu spiritu et ambulemus.

26. Eph 1, 13-14

Durch ihn [Christus] habt auch ihr das Wort der Wahrheit gehört, das Evangelium von eurer Rettung; durch ihn habt ihr das Siegel des verheißenen Heiligen Geistes empfangen, als ihr den Glauben annahmt. Der Geist ist der erste Anteil des Erbes, das wir erhalten sollen, der Erlösung, durch die wir Gottes Eigentum werden, zum Lob seiner Herrlichkeit.

In quo [Christo] et vos cum audissetis verbum veritatis, evangelium salutis vestrae, in quo et credentes signati estis Spiritu promissionis Sancto, qui est arrabon haeredidatis nostrae, in redemptionem acquisitionis, in laudem gloriae ipsius.

27. Eph 4, 1-6

Ich, der ich um des Herrn willen im Gefängnis bin, ermahne euch, ein Leben zu führen, das des Rufes würdig ist, der an euch erging. Seid demütig, friedfertig und geduldig, ertragt einander in Liebe, und bemüht euch, die Einheit des Geistes zu wahren durch den Frieden, der euch zusammenhält. Ein Leib und ein Geist, wie euch durch eure Berufung auch eine gemeinsame Hoffnung gegeben ist; ein Herr, ein Glaube, eine Taufe, ein Gott und Vater aller, der über allem und durch alles und in allem ist. Aber jeder von uns empfing die Gnade in dem Maß, wie Christus sie ihm geschenkt hat.

Obsecro itaque vos ego vinctus in Domino, ut digne ambuletis vocatione qua vocati estis cum omni humilitate et mansuetudine cum patientia subportantes invicem in caritate solliciti servare unitatem spiritus in vinculo pacis, unum corpus et unus spiritus, sicut vocati estis in una spe vocationis vestrae, unus Dominus, una fides, unum baptisma, unus Deus et Pater omnium, qui super omnes et per omnia et in omnibus nobis; unicuique autem nostrum data est gratia secundum mensuram donationis Christi.

28. Eph 4, 30

Beleidigt nicht den Heiligen Geist Gottes, dessen Siegel ihr tragt für den Tag der Erlösung.

Et nolite contristare Spiritum Sanctum Dei, in quo signati estis in diem redemptionis.

29. Hbr 6, 2

Darum wollen wir beiseite lassen, was man zuerst von Christus verkünden muss, und uns dem Vollkommneren zuwenden; wir wollen nicht noch einmal den Grund legen über den Glauben an Gott, über die Taufen, die Handauflegung, die Auferstehung der Toten und das ewige Gericht; das wollen wir dann tun, wenn Gott es will.

Quapropter praetermittentes inchoationis Christi sermonem, ad perfectiora feramur, non rursum iacentes fundamentum poententiae ab operibus mortuis, fidei ad Deum, baptismatum doctrinae, impositionis quoque manuum, ac resurrectionis mortuorum, et iudicii aeterni.

30. 1 Petr 2, 9

Ihr aber seid ein auserwähltes Geschlecht, eine königliche Priesterschaft, ein heiliger Stamm, ein Volk, das sein besonderes Eigentum wurde, damit ihr die großen Taten dessen verkündet, der euch aus der Finsternis in sein wunderbares Licht gerufen hat.

Vos autem genus electum regale sacerdotium, gens sancta, populus adquisitionis, ut virtutes adnuntietis eius, qui de tenebris vos vocavit in admirabile lumen suum.

31. 1 Joh 2, 20. 27

Ihr habt die Salbung von dem, der heilig ist, und ihr alle wisst es. ... Für euch aber gilt: Die Salbung, die ihr von ihm empfangen habt, bleibt in euch, und ihr braucht euch von niemand belehren lassen. Alles, was seine Salbung euch lehrt, ist wahr und keine Lüge. Bleibt in ihm, wie es euch seine Salbung gelehrt hat.

Sed vos unctionem habetis a Sancto, et scitis omnes. ... Et vos unctionem, quam accepistis ab eo, manet in vobis, et non necesse habetis, ut aliquis doceat vos; sed sicut unctio ipsius docet vos de omnibus, et verum est et non est mendacium, et sicut docuit vos, manetis in eo.

Lehramt, Patristik, Theologie

32. Theophilus Antiochenus (ca. 180/2), *Ad Autolycum*, 1, 12[8]

Denn welches Schiff ist brauchbar und kann glücklich durchkommen, ohne dass es zuerst geteert wird? Oder welcher Turm oder welches Haus ist schön und brauchbar ohne Anstrich? Welcher Mensch tritt in dieses Leben ein oder in einem Ringkampfe auf, ohne gesalbt zu werden? Welches Kunstwerk oder welcher Schmuckgegenstand ist schön ohne Firnis und Politur? Und ist ja die Atmosphäre und die ganze Erde gewissermaßen gesalbt von Licht und Odem. Du aber willst nicht gesalbt werden mit dem Öle Gottes? Wir heißen ja deshalb Christen, weil wir mit dem Öle Gottes gesalbt sind.

Ποῖον γὰρ πλοῖον δύναται εὔχρηστον εἶναι καὶ σώζεσθαι, ἐὰν μὴ πρῶτον χρισθῇ; ἢ ποῖος πύργος ἢ οἰκία εὔμορφος καὶ εὔχρηστός ἐστιν, ἐπὰν οὐ κέχρισται; τίς δὲ ἄνθρωπος εἰσελθὼν εἰς τόνδε τὸν βίον ἢ ἀθλῶν οὐ χρίεται ἐλαίῳ; ποῖον δὲ ἔργον ἢ κόσμιον δύναται εὐμορφίαν ἔχειν, ἐὰν μὴ χρισθῇ καὶ στιλβωθῇ; εἶτα ἀὴρ μὲν καὶ πᾶσα ἡ ὑπ' οὐρανὸν τρόπῳ τινὶ χρίεται φωτὶ καὶ πνεύματι. σὺ δὲ οὐ βούλει χρισθῆναι ἔλαιον θεοῦ; τοιγαροῦν ἡμεῖς τούτου εἴνεκεν καλούμεθα χριστιανοὶ ὅτι χριόμεθα ἔλαιον θεοῦ.

Tu non vis ungi oleo Dei? Nos enim ideo Christiani vocamur, quod Dei oleo ungimur.

33. Hippolytus Romanus, *Traditio Apostolica* (ca. 215), n. 21[9]

Der Bischof soll ihnen die Hand auflegen und anrufend beten: „*Herr und Gott, Du hast sie würdig gemacht, durch das Bad der Wiedergeburt die Vergebung der Sünden zu erhalten für das kommende Zeitalter; mache sie auch würdig, vom Heiligen Geist erfüllt zu werden, und sende auf sie Deine Gnade herab, damit sie Dir nach Deinem Willen dienen; denn Dein ist die Herrlichkeit, dem Vater und dem Sohn mit dem Heiligen Geist in der heiligen Kirche, jetzt und immer und in Ewigkeit.* Und [der Bischof] gießt in seine Hand das Öl der Danksagung und legt sie ihm auf das Haupt, wobei er spricht: *Ich salbe dich mit heiligem Öl in Gott, dem allmächtigen Vater, in Jesus Christus und dem Heiligen Geist*".

---

[8] THEOPHILUS ANTIOCHENUS (ca. 181/2), *Ad Autolycum*, 1, 12 (PG 6, 1041; SC 20, 84)

[9] Vgl. B. BOTTE, *La tradition Apostolique de Saint Hippolyte. Essai de reconstruction*, ⁵Münster 1989, 52; *Fontes christiani*, 1, Freiburg 1991, 264

Episcopus imponat manum suam super eos in magno desiderio dicens: Domine Deus, sicut fecisti illos dignos accipere remissionem peccatorum in saeculum venturum, fac eos dignos ut repleantur Spiritu Sancto et mitte super eos gratiam tuam, ut tibi serviant secundum voluntatem tuam; quoniam tibi gloria Patri et Filio cum Spiritu sancto, in sancta ecclesia, nunc et semper et in saecula saeculorum. Et effundit oleum gratiarum actionis super manum suam et ponit manum super caput eius dicens: *Ungo te oleo sancto in Deo Patre omnipotenti et Jesu Christo et Spiritu sancto.*

34. Tertullianus (ca. 160-223), *De baptismo,* c. 7[10]

So werden wir, wenn wir aus dem Taufbad herauskommen, mit der gesegneten Salbung gesalbt, gemäß der früheren Ordnung, nach der man beim Priestertum aus dem Ölhorn gesalbt wurde; so ist Aaron von Moses gesalbt worden. Daher werden Christen nach dem Chrisma genannt, das heißt der Salbung, welche dem Herrn den Namen gab; eine geistige Salbung, denn er ist von Gott Vater mit dem Geist gesalbt worden. [...] So geschieht auch bei uns fleischlich eine Salbung, aber zum geistlichen Nutzen; wie auch der fleischliche Akt der Taufe, dass wir ins Wasser getaucht werden, die geistliche Wirkung hat, dass wir von Vergehen befreit werden.

Exinde egressi de lavacro perungimur benedicta unctione de pristina disciplina, de qua ungi oleo de cornu in sacerdotium solebant; ex quo Aaron a Moyse unctus est, unde christi dicti a chrismate, quod est unctio, quae Domino nomen accomodavit, facta spiritalis, quia Spiritu unctus est a Deo Patre. [...] Sic et in nobis carnaliter currit unctio, sed spiritualiter proficit; quomodo et ipsius baptismi carnalis actus quod in aqua mergimur, spiritalis effectus quod delictis liberamur.

35. Tertullianus (ca. 160-223), *De resurrectione mortuorum,* 8, 3[11]

Das Fleisch wird abgewaschen, damit die Seele makellos wird; das Fleisch wird gesalbt, damit die Seele geweiht wird; das Fleisch wird besiegelt, damit die Seele geschützt wird; das Fleisch wird durch die Handauflegung beschattet, damit die Seele durch den Geist erleuchtet wird; das Fleisch wird mit dem Leib und dem Blut Christi genährt, damit auch die Seele von Gott gesättigt werde.

Sed et caro abluitur, ut anima emaculetur; caro ungitur, ut anima consecretur; caro signatur, ut anima muniatur; caro manus impositione adumbratur, ut anima spiritu illuminetur; caro corpore et sanguine Christi vescitur, ut et anima de Deo saginetur.

---

[10] Tertullianus, *De baptismo,* c. 7 (CChrL 1, 282; PL 1, 1206; CSEL 20, 206)

[11] Tertullian, *De resurrectione mortuorum,* 8, 3 (CChrL 2, 931; CSEL 47, 3; PL 2, 806)

36. Cyprianus (ca. 200-258), *Ep. 73 n. 9*[12]

Da sie [die Samariter] die rechtmäßige und kirchliche Taufe erhalten hatten, war es nicht nötig, sie nochmals zu taufen, sondern erforderlich war nur das, was noch fehlte, was von Petrus und Johannes getan wurde, dass mit einem Gebet für sie und durch die Handauflegung über sie der Heilige Geist angerufen und ausgegossen wurde. Das geschieht auch jetzt noch bei uns: Diejenigen, welche in der Kirche getauft werden, bringt man vor die Vorsteher der Kirche und durch unser Gebet und unsere Handauflegung erlangen sie den Heiligen Geist und die Vollendung durch das Siegel des Herrn.

Qui legitimum et ecclesiasticum baptisma consecuti fuerant, baptizati eos [Samaritanos] ultra non oportebat, sed tantummodo quod deerat, id a Petro et Johanne factum est, ut oratione pro iis habita et manu imposita invocaretur et infunderetur super eos Spiritus Sanctus (Act 8, 14 ss.). Quod nunc quoque apud nos geritur, ut, qui in ecclesia baptizantur, praepositis ecclesiae offerantur et per nostram orationem ac manus impositionem Spiritum Sanctum consequantur et signaculo dominico consummentur.

37. Cyprianus (ca. 200-258), *Ep. 70 n. 2*[13]

Wer getauft ist, muss auch noch gesalbt werden, damit er nach Empfang des Chrismas, das heißt der Salbung, ein Gesalbter Gottes sein und Christi [des Gesalbten] Gnade in sich haben kann.

Ungi quoque necesse est eum qui baptizatus est, ut accepto chrismate, id est unctione, esse unctus Dei et habere in se gratiam Christi possit.

38. Synode von Elvira (Concilium Eliberitanum) (ca. 300-303), *Kan. 38*[14]

Wenn man in einer fremden Gegend auf Schiffsreise ist oder wenn keine Kirche in der Nähe ist, kann ein Gläubiger, der sein [Tauf]bad nicht befleckt hat und kein Bigamist ist, einen Katechumenen, der sich in der Notlage einer Krankheit befindet, taufen, [und zwar] so, dass er ihn, wenn er überlebt, zum Bischof bringt, damit er durch die Handauflegung vervollkommnet werden kann.

Loco peregre navigantes aut si ecclesia in proximo non fuerit, posse fidelem, qui lavacrum suum integrum habet nec sit bigamus, baptizare in necessitate infirmitatis

---

[12]   CYPRIANUS, *Ep.* 73, 9 (PL 3, 1115; CSEL 3, 2, 784 s.)

[13]   CYPRIANUS, *Ep.* 70, 2 (PL 3, 1040; CSEL 3, 2, 768)

[14]   SYNODE VON ELVIRA (ca. 300-303), Kan. 38 (DH 120; PL 84, 306B)

positum catechumenum, ita ut, si supervixerit, ad episcopum eum perducat, ut per manus impositionem perfici possit.

39. Synode von Elvira (Concilium Eliberitanum)(ca. 300-303), Kan. 77[15]

Wenn ein das Volk leitender Diakon ohne Bischof oder Priester irgendwelche getauft hat, wird der Bischof sie durch die Segnung vervollkommnen müssen; wenn sie aber zuvor aus der Welt geschieden sind, wird einer kraft des Glaubens, mit dem er geglaubt hat, gerechtfertigt sein können.

Si quis diaconus regens plebem sine episcopo vel presbytero aliquos baptizaverit, episcopus eos per benedictionem perficere debebit; quod si ante de saeculo recesserint, sub fide, qua quis credidit, poterit esse iustus.

40. Ps.- Melchiades (Miltiades) (310-314) (=Faustus von Riez, 5. Jhdt.?), An die Bischöfe Spaniens[16]

Der heilige Geist stieg in heilbringendem Kommen auf die Wasser der Taufe herab; im Taufbrunnen gibt er die Fülle zur Unschuld; in der Firmung verleiht er das Wachstum zur Gnade, weil wir auf dieser Welt das ganze Leben hindurch zwischen unsichtbaren Feinden und Gefahren schreiten müssen. In der Taufe werden wir zum Leben wiedergeboren, nach der Taufe werden wie gefestigt zum Kampfe; in der Taufe werden wir reingewaschen, nach der Taufe gestärkt. ... Die Firmung rüstet uns und bestellt uns für die Kämpfe des irdischen Lebens[17]".

Was das betrifft, worüber ihr unsere Belehrung erbeten habt, ob nämlich die Handauflegung der Bischöfe das größere Sakrament sei oder die Taufe, so wisset, dass jedes von beiden ein großes Sakrament ist.

Ergo Spiritus sanctus, qui super aquas baptismi salutifero descendit illlapsu, in fonte plenitudinem tribuit ad innocentiam; in confirmatione augmentum praestat ad gratiam, quia in hoc mundo tota aetate victuris inter invisibiles hostes et pericula gradiendum est. In baptismo regeneramur ad vitam, post baptismum confirmamur ad pugnam; in baptismo abluimur, post baptismum roboramur.

Ac sic continuo transituris sufficunt regenerationis beneficia, victuris autem necessaria sunt confirmationis auxilia. Regeneratio per se salvat mox in pace beati

---

[15] SYNODE VON ELVIRA (ca. 300-303), Kan. 77 (DH 121; PL 84, 310A)

[16] GRATIANUS, Decretum, p. 3, dist. 5 c 3 (PL 187, 1856C; ed. Friedberg, Graz 1959, II, 1414). Vgl. THOMAS, S. th. III, 72 a 1

[17] EUSEBIUS GALLICANUS, Hom. 29, 3 (CChrL 101, 337-338). Cf. Decretum Gratiani, p. 3 dist. 5 c 2 (PL 187, 1855 s.); PS.-ISIDORUS, Decretales (PL 130, 240 s.).

saeculi recipiendos, confirmatio armat et instruit ad agones mundi huius et praelia reservandos.

De his super quibus rogastis nos vos informari, id est, utrum maius sit sacramentum manus impositio episcoporum an baptismus, scitote utrumque magnum esse instrumentum.

41. Cyrillus Hierosolymitanus (ca. 313-386), *Catech. 17, De Spiritu Sancto*, II, 37-38[18]

Der Paraklet wird als Wächter und Verteidiger bei dir bleiben; er wird sich um dich sorgen wie um seinen eigenen Kämpfer, *um dein Kommen und Gehen* (Ps 121 [120], 8) und bei Nachstellungen; er wird dir jede Art von Gnadengeschenken geben, wenn du ihn nicht durch die Sünde betrübst; es steht nämlich geschrieben: „*Und betrübt nicht den Heiligen Geist Gottes. In ihm seid ihr für den Tag der Erlösung aufgezeichnet*" (Eph 9, 30). Was heißt es denn, Geliebte, die Gnade zu bewahren? Seid bereit, die Gnade zu empfangen, und werft die einmal empfangene [Gnade] nicht weg.

Der Gott aller Dinge hat aber im Heiligen Geist durch die Propheten gesprochen, und er sandte ihn in zu den Aposteln am Pfingsttag an diesen unseren Orten: Denselben sendet er nun auch zu euch; durch ihn beschützt er auch uns und lässt auch uns allen eine gemeinsame Wohltat zukommen: damit wir zu jeder Zeit die Früchte des Heiligen Geistes bringen sollen; *Liebe, Freude, Friede, Langmut, Freundlichkeit, Güte, Treue, Sanftmut und Selbstbeherrschung* (Gal 5, 22.23), in Jesus Christus unserem Herrn; durch ihn und mit ihm, zusammen mit dem Heiligen Geist, zur Ehre des Vaters, jetzt und immer und von Ewigkeit zu Ewigkeit. Amen.

Παραμένει σοι διὰ παντὸς ὁ φρουρὸς ὁ παράκλητος. περὶ σοῦ μεριμνᾷ ὥσπερ ἰδίου στρατιώτου, περὶ τῶν εἰσόδων σου καὶ περὶ τῶν ἐξόδων σου καὶ περὶ τῶν ἐπιβουλευόντων, καὶ δίδωσί σοι παντοίας χαρισμάτων δόσεις, ἐὰν μὴ δι' ἁμαρτίας αὐτὸν λυπήσῃς. γέγραπται γάρ· καὶ μὴ λυπῆτε τὸ πνεῦμα τὸ ἅγιον τοῦ θεοῦ, ἐν ᾧ ἐσφραγίσθητε εἰς ἡμέραν ἀπολυτρώσεως. τί οὖν ἐστιν, ἀγαπητοί, τὸ διατηρῆσαι τὴν χάριν; ἕτοιμοι γίνεσθε εἰς τὸ ὑποδέξασθαι τὴν χάριν, καὶ δεξάμενοι μὴ ἀποβάλητε ταύτην.

Αὐτὸς δὲ ὁ τῶν ὅλων θεός, ὁ λαλήσας ἐν πνεύματι ἁγίῳ διὰ τῶν προφητῶν, ὁ ἐξαποστείλας αὐτὸ ἐπὶ τοὺς ἀποστόλους ἐν ἡμέρᾳ πεντηκοστῆς ἐνταῦθα, τοῦτο καὶ νῦν αὐτὸς ἐφ' ὑμᾶς ἐξαποστείλειε, καὶ διὰ τοῦτο καὶ ἡμᾶς τηρήσειε, κοινὴν ἅπασιν ἡμῖν παρασχὼν τὴν εὐεργεσίαν, ἵνα πάντοτε τοὺς καρποὺς τοῦ ἁγίου πνεύματος ἀποδιδῶμεν, ἀγάπην, χαράν, εἰρήνην, μακροθυμίαν, χρηστότητα, ἀγαθωσύνην,

---

[18] CYRILLUS HIEROSOLYMITANUS (ca. 313-387), *Catech. 17, De Spiritu Sancto*, II, 37-38 (PG 33, 1011)

πίστιν, πραΰτητα, ἐγκράτειαν, ἐν Χριστῷ Ἰησοῦ τῷ κυρίῳ ἡμῶν, δι' οὗ καὶ μεθ' οὗ σὺν ἁγίῳ πνεύματι δόξα τῷ πατρὶ καὶ νῦν καὶ ἀεὶ καὶ εἰς τοὺς αἰῶνας τῶν αἰώνων. ἀμήν.

Permanebit tibi iugiter custos ac defensor, Paracletus: *De te uti de proprio milite sollicitus erit, de ingressibus tuis, et de ingressibus* (Ps 121 [120], 8), et de insidiantibus; daturusque tibi est omnis generis gratiarum dona, si non illum per peccatum contristaveris; scriptum est enim: „*Et ne contristetis Spiritum sanctum Dei. In quo obsignati estis in diem redemptionis*" (Eph 9, 30). Quidnam igitur est, dilecti, gratiam tueri? Parati ad suscipiendam gratiam, semelque susceptam non abiiciatis.

Ipse autem universorum Deus, qui locutus est in Spiritu sancto per prophetas; qui illum in apostolos misit in die Pentecostes his nostris in locis: eumdem nunc quoque ad vos emittat; perque hunc et nos custodiat, communem omnibus nobis beneficentiam impertiens: ut omni tempore sancti Spiritus fructus reddamus; *caritatem, gaudium, pacem, lenitatem, benignitatem, bonitatem, fidem, mansuetudinem, continentiam* (Gal 5, 22.23), in Christo Jesu Domino nostro; per quem et cum quo, una cum sancto Spiritu, gloria Patri et nunc, et semper, et in saecula saeculorum. Amen.

42. Cyrillus Hierosolymitanus (ca. 313-386), *Catech. myst., 3, 1-7.* Über die Firmung[19]

Lesung aus dem ersten katholischen Briefe des Johannes von den Worten: „*Und ihr habt die Salbung von Gott und wisset alles*" bis zu der Stelle: „*Damit wir von ihm nicht beschämt werden bei seiner Ankunft*" (1 Joh 2, 20-28).

1. Ihr seid in Christus getauft worden und habt Christus angezogen (vgl. Gal 3, 27). So seid ihr dem Sohne Gottes gleichgestaltet worden (vgl. Röm 8, 29). Da Gott uns zur Annahme an Kindesstatt vorherbestimmt hat, hat er uns dem verherrlichten Leibe Christi gleichförmig gemacht (vgl. Eph 1, 5; Phil 3, 21). Da ihr also Teilhaber des Gesalbten geworden seid, werdet ihr mit Recht Gesalbte genannt. Von euch hat Gott gesagt: „*Vergreift euch nicht an meinen Gesalbten!*" (Ps 105, 15; LXX: Ps 104, 15). Gesalbte aber seid ihr dadurch geworden, dass ihr das Abbild (antitypon) des Heiligen Geistes empfangen habt. Alles ist bildlich an euch geschehen, weil ihr Bilder Christi seid.

Als Christus bei der Taufe im Jordan den Wassern vom Wohlgeruch seiner Gottheit mitgeteilt hatte stieg er heraus, und der Hl. Geist kam in Person auf ihn herab, so dass der Gleiche auf dem Gleichen ruhte. So wurde auch euch, als ihr dem heiligen Bade entstiegen wart, die Salbung gegeben,

---

[19] CYRILLUS HIEROSOLYMITANUS, *Cat. Myst.* 3, 1-77 (PG 33, 1097-1128; ed. G. C. Reischl, *S. Cyrilli Hierosolymorum archiepiscopi opera quae supersunt omnia,* vol. 2, Monaci 1860, 366-369); Sources Chrétiennes, 126 (Paris 1967), 120-132; Ph. HÄUSER, *Des hl. Cyrillus von Jerusalem Katechesen* (BKV, 41), München 1922, 373-391

ein Abbild jener Salbung, welche Christus empfangen hatte. Das ist der Hl. Geist, von welchem der selige Isaias in seiner Prophetie im Namen des Herrn gesagt hatte: *„Der Geist des Herrn ist auf mir, weil er mich gesalbt hat; den Armen das Evangelium zu verkünden, hat er mich gesandt"* (Jes 61, 1; vgl. Lk 4, 18)

2. Christus ist nicht mit irdischem Öle oder irdischer Salbe von Menschen gesalbt worden. Vielmehr hat sein Vater, der ihn zum Erlöser der ganzen Welt vorher bestimmt hatte, ihn mit dem Hl. Geiste gesalbt. Denn Petrus sagt: *„Jesus den Nazoräer hat Gott mit dem Hl. Geiste gesalbt"* (Apg 10, 38). Und der Prophet David rief aus: *„Dein Thron, o Gott, ist in alle Ewigkeit. Ein Zepter der Gerechtigkeit ist das Zepter deiner Herrschaft. Du liebst Gerechtigkeit und hassest das Unrecht. Darum salbte dich Gott, dein Gott, mit dem Öle der Freude zur Auszeichnung vor deinen Genossen"* (Ps 44, 7-8). Wie Christus in Wirklichkeit gekreuzigt und begraben wurde und auferstand, während ihr in der Taufe gewürdigt werdet, in *„Ähnlichkeit"* (Röm 6, 5) mit ihm gekreuzigt und begraben zu werden und aufzuerstehen, so ist es auch bei der Firmung. Während Christus mit dem geistigen Öl der Freude gesalbt wurde, das ist mit dem Hl. Geist, der als Quelle der geistigen Freude das Öl der Freude heißt, wurdet ihr mit Salbe (myron) gesalbt, nachdem ihr Teilnehmer und Genossen Christi geworden wart.

3. Doch darfst du ja nicht meinen, jene Salbe sei gewöhnliche Salbe. Denn gleichwie das Brot der Eucharistie nach der Anrufung des Hl. Geistes nicht mehr gewöhnliches Brot ist, sondern der Leib Christi, so ist dieses heilige Myron nach der Anrufung nicht mehr einfache Salbe und nicht, wie man vielleicht sagen könnte, etwas ganz Gewöhnliches. Vielmehr ist sie Gnade Christi und wirkt durch die Gegenwart von Christi Gottheit den Hl. Geist (Röm 6, 5). Mit der Salbe werden dir die Stirne und die übrigen Sinne in symbolischer Weise gesalbt. Mit irdischer Salbe wird der Leib gesalbt, mit dem heiligen, lebenspendenden Geiste wird die Seele geheiligt.

4. Zuerst wurdet ihr auf die Stirne gesalbt, um von der Schande, welche der erste sündige Mensch überall hintrug, befreit zu werden und *„die Herrlichkeit des Herrn mit unverhülltem Antlitz widerzuspiegeln"* (2 Kor 3, 18). Darauf wurdet ihr an den Ohren gesalbt, damit ihr Ohren erhieltet, welche die göttlichen Geheimnisse hören, Ohren, von welchen Isaias sagte: *„Und der Herr gab mir ein Ohr zu hören"* (Jes 50, 4), und der Herr Jesus in den Evangelien sprach: *„Wer Ohren hat zu hören, der höre!"* (Mt 11, 15). Sodann wurdet ihr an der Nase gesalbt, damit ihr nach Empfang der göttlichen Salbe saget: *„Christi! Wohlgeruch sind wir für Gott unter den Geretteten"* (2 Kor 2, 15). Hierauf wurdet ihr auf der Brust gesalbt, damit ihr, *„angetan mit dem Panzer der Gerechtigkeit"*, *„gegen die Schliche des Teufels fest stehet"* (Eph 6, 11.14). Gleichwie Jesus nach der Taufe und nach der Herabkunft des Heiligen Geistes hi-

nausging (in die Wüste) und den Widersacher bekämpfte, so sollt ihr nach der heiligen Taufe und nach der geistigen Salbung, angetan mit der ganzen Waffenrüstung des Hl. Geistes, euch der feindlichen Macht entgegenstellen und sie bekämpfen und sagen: *„Alles vermag ich in Christus, der mich stärkt"* (Phil 4, 18).

5. Dieser heiligen Salbung gewürdigt, werdet ihr Christen genannt; eure Wiedergeburt bestätigt die Richtigkeit des Namens. Ehe ihr dieser Gnade gewürdigt wurdet, verdientet ihr eigentlich nicht diese Bezeichnung, ihr wart vielmehr erst auf dem Wege dazu, schicktet euch erst an, Christen zu sein.

6. Ihr sollt wissen, dass in der Alten Schrift diese Salbung vorgebildet ist. Als nämlich Moses den Auftrag Gottes seinem Bruder mitteilte und ihn zum Hohenpriester bestellte, wusch er ihn mit Wasser und salbte ihn hierauf (Lev 8, 1 ff.) und er wurde Gesalbter genannt infolge der offenbar vorbildlichen Salbung. Als der Hohepriester Salomon zum König erhob, salbte er ihn zu Gibon nach vorangegangener Waschung (1 Kön 1, 39.40). Was an diesen Männern geschah, war Vorbild, was an euch geschah, ist nicht Vorbild, sondern Wahrheit. Denn in Wahrheit seid ihr gesalbt worden vom Hl. Geist. Der Anfang eures Heiles ist Christus; er ist wahrhaft das Erstlingsbrot, während ihr die Masse des Teiges seid. Wenn aber das Erstlingsbrot heilig ist, dann geht offenbar die Heiligkeit in die Masse über. (vgl. Röm 11, 16; Num 15, 19).

7. Bewahret diese Gnade unbefleckt! Denn sie wird euch, wenn sie euch bleibt, alles lehren, wie ihr vorhin von dem heiligen Johannes gehört habt, der uns viele weise Lehren über die Firmung gibt. Diese heilige Gabe ist ein geistiges Schutzmittel für den Leib und Heilmittel für die Seele.

Auf die Firmung hat schon der selige Isaias in alten Zeiten prophetisch hingewiesen, wenn er sagt: *„Es wird der Herr an allen Völkern dies auf dem Berge wirken: sie werden Wein trinken, Freude trinken, mit Salbe gesalbt werden"* (Jes 25, 6); als Berg bezeichnet der Prophet die Kirche auch an einer anderen Stelle, wo er sagt: *„In den letzten Tagen wird der Berg des Herrn sichtbar sein"* (Is 2, 2). Um dich von ihm überzeugen zu lassen, höre auf das, was er über diese geistige Salbung spricht: *„Gib dies alles den Völkern; denn es ist der Ratschluss des Herrn über alle Völker"* (Jes 25, 7).

Da ihr mit dieser heiligen Salbe gefirmt seid, so bewahrt sie fleckenlos und rein in euch, indem ihr im Guten fortschreitet und dem Urheber eures Heiles, Christus Jesus, dankbar werdet, dem die Ehre sei in alle Ewigkeit. Amen.

3.1 Εἰς Χριστὸν βεβαπτισμένοι καὶ Χριστὸν ἐνδυσάμενοι σύμμορφοι γεγόνατε τοῦ Υἱοῦ τοῦ Θεοῦ. Προορίσας γὰρ ἡμᾶς ὁ Θεὸς εἰς υἱοθεσίαν, συμμόρφους ἐποίησε τοῦ σώματος τῆς δόξης τοῦ Χριστοῦ. Μέτοχοι οὖν τοῦ Χριστοῦ γενόμενοι, χριστοὶ εἰκότως καλεῖσθε, καὶ περὶ ὑμῶν ἔλεγεν ὁ Θεός· "Μὴ ἅπτεσθε τῶν χριστῶν μου." Χριστοὶ δὲ γεγόνατε, τοῦ ἁγίου Πνεύματος τὸ ἀντίτυπον δεξάμενοι, καὶ πάντα εἰκονικῶς ἐφ' ὑμῶν γεγένηται, ἐπειδὴ εἰκόνες ἐστὲ Χριστοῦ. Κἀκεῖνος μὲν ἐν Ἰορδάνῃ λουσάμενος ποταμῷ καὶ τῶν χρωτῶν τῆς θεότητος μεταδοὺς τοῖς ὕδασιν, ἀνέβαινεν ἐκ τούτων, καὶ Πνεύματος ἁγίου οὐσιώδης ἐπιφοίτησις αὐτῷ ἐγίνετο, τῷ ὁμοίῳ ἐπαναπαυομένου τοῦ ὁμοίου. Καὶ ὑμῖν ὁμοίως ἀναβεβηκόσιν ἀπὸ τῆς κολυμβήθρας τῶν ἱερῶν ναμάτων χρῖσμα, τὸ ἀντίτυπον ὃ ἐχρίσθη Χριστός. Τοῦτο δέ ἐστι τὸ ἅγιον Πνεῦμα, περὶ οὗ καὶ ὁ μακάριος Ἠσαΐας, ἐν τῇ κατ' αὐτὸν προφητείᾳ, ἐκ προσώπου τοῦ Κυρίου ἔλεγε· "Πνεῦμα Κυρίου ἐπ' ἐμέ, οὗ εἵνεκεν ἔχρισέ με· εὐαγγελίσασθαι πτωχοῖς ἀπέσταλκέ με."

3.2 Ἐλαίῳ γὰρ ἢ μύρῳ σωματικῷ Χριστὸς ὑπ' ἀνθρώπου οὐκ ἐχρίσθη, ἀλλ' ὁ Πατὴρ αὐτὸν Σωτῆρα προχειρισάμενος τοῦ παντὸς κόσμου Πνεύματι ἔχρισεν ἁγίῳ, ὡς Πέτρος φησίν· "Ἰησοῦν τὸν Ναζωραῖον, ὃν ἔχρισεν ὁ Θεὸς Πνεύματι ἁγίῳ·" καὶ Δαβὶδ ὁ προφήτης ἐβόα λέγων· "Ὁ θρόνος σου, ὁ θεός, εἰς τὸν αἰῶνα τοῦ αἰῶνος· ῥάβδος εὐθύτητος ἡ ῥάβδος τῆς βασιλείας σου. Ἠγάπησας δικαιοσύνην καὶ ἐμίσησας ἀνομίαν· διὰ τοῦτο ἔχρισέ σε ὁ Θεός, ὁ Θεός σου, ἔλαιον ἀγαλλιάσεως παρὰ τοὺς μετόχους σου." Καὶ ὥσπερ Χριστὸς ἀληθῶς ἐσταυροῦτο καὶ ἐθάπτετο καὶ ἠγείρετο, ὑμεῖς δὲ κατὰ τὸ βάπτισμα ἐν ὁμοιώματι καὶ συσταυρωθῆναι καὶ συνταφῆναι καὶ συναναστῆναι αὐτῷ καταξιοῦσθε, οὕτω καὶ ἐπὶ τοῦ χρίσματος. Ἐκεῖνος ἐλαίῳ νοητῷ ἀγαλλιάσεως ἐχρίετο, τοῦτ' ἔστι Πνεύματι ἁγίῳ, ἀγαλλιάσεως καλουμένῳ ἐλαίῳ, διὰ τὸ αἴτιον αὐτὸ τῆς πνευματικῆς ἀγαλλιάσεως τυγχάνειν· ὑμεῖς δὲ μύρῳ ἐχρίσθητε, κοινωνοὶ καὶ μέτοχοι τοῦ Χριστοῦ γενόμενοι.

3.3 Ἀλλ' ὅρα μὴ ὑπονοήσῃς ἐκεῖνο τὸ μύρον ψιλὸν εἶναι. Ὥσπερ γὰρ ὁ ἄρτος τῆς εὐχαριστίας, μετὰ τὴν ἐπίκλησιν τοῦ ἁγίου Πνεύματος, οὐκ ἔτι ἄρτος λιτός, ἀλλὰ σῶμα Χριστοῦ, οὕτω καὶ τὸ ἅγιον τοῦτο μύρον οὐκ ἔτι ψιλόν, οὐδ' ὡς ἂν εἴποι τις κοινὸν μετ' ἐπικλήσεως, ἀλλὰ Χριστοῦ χάρισμα, καὶ Πνεύματος ἁγίου παρουσίας τῆς αὐτοῦ θεότητος ἐνεργητικὸν γινόμενον. Ὅπερ συμβολικῶς ἐπὶ μετώπου καὶ τῶν ἄλλων σου χρίεται αἰσθητηρίων. Καὶ τῷ μὲν φαινομένῳ μύρῳ τὸ σῶμα χρίεται, τῷ δὲ ἁγίῳ καὶ ζωοποιῷ Πνεύματι ἡ ψυχὴ ἁγιάζεται.

3.4 Καὶ πρῶτον χρίεσθε ἐπὶ τὸ μέτωπον, ἵνα ἀπαλλαγῆτε τῆς αἰσχύνης, ἣν ὁ πρῶτος παραβάτης ἄνθρωπος πανταχοῦ περιέφερε, καὶ ἵνα ἀνακεκαλυμμένῳ προσώπῳ τὴν δόξαν Κυρίου κατοπτρίζησθε. Εἶτα ἐπὶ τὰ ὦτα, ἵνα προσλάβητε ὦτα, περὶ ὧν Ἠσαΐας ἔλεγε· "Καὶ προσέθηκέ μοι Κύριος ὠτίον ἀκούειν", καὶ ὁ Κύριος ἐν Εὐαγγελίοις· "Ὁ ἔχων ὦτα ἀκούειν, ἀκουέτω." Εἶτα ἐπὶ τὴν ὄσφρησιν, ὅπως τοῦ θείου ἀντιλαμβανόμενοι μύρου λέγητε· "Χριστοῦ εὐωδία ἐσμὲν τῷ Θεῷ ἐν τοῖς σῳζομένοις." Μετὰ ταῦτα ἐπὶ τὰ στήθη, ἵνα "ἐνδυσάμενοι τὸν θώρακα τῆς δικαιοσύνης στῆτε πρὸς τὰς μεθοδείας τοῦ διαβόλου." Ὥσπερ γὰρ ὁ Σωτὴρ μετὰ τὸ βάπτισμα καὶ τὴν τοῦ ἁγίου Πνεύματος ἐπιφοίτησιν ἐξελθὼν κατηγωνίσατο τὸν ἀντικείμενον, οὕτω καὶ ὑμεῖς μετὰ τὸ ἱερὸν βάπτισμα καὶ τὸ μυστικὸν χρῖσμα ἐνδεδυμένοι τὴν πανοπλίαν τοῦ ἁγίου Πνεύματος, ἵστασθε πρὸς τὴν ἀντικειμένην ἐνέργειαν καὶ ταύτην καταγωνίζεσθε, λέγοντες· "Πάντα ἰσχύω ἐν τῷ ἐνδυναμοῦντί με Χριστῷ."

3.5 Τούτου τοῦ ἁγίου χρίσματος καταξιωθέντες καλεῖσθε χριστιανοί, ἐπαληθεύοντες τῇ ἀναγεννήσει καὶ τὸ ὄνομα. Πρὸ γὰρ τοῦ καταξιωθῆναι ὑμᾶς τοῦ βαπτίσματος καὶ τῆς τοῦ ἁγίου Πνεύματος χάριτος, οὐκ ἦτε κυρίως ἄξιοι, ἀλλ' ὁδεύοντες προεβαίνετε τὸ εἶναι χριστιανοί.

3.6 Εἰδέναι δὲ ὑμᾶς ἀναγκαῖον, ὅτι τοῦ χρίσματος τούτου ἐν τῇ παλαιᾷ γραφῇ τὸ σύμβολον κεῖται. Καὶ γὰρ ὁπηνίκα τὸ τοῦ Θεοῦ πρόσταγμα Μωϋσῆς τῷ ἀδελφῷ μετεδίδου, ἀρχιερέα καθιστῶν τοῦτον, μετὰ τὸ ἐν ὕδατι λούσασθαι, ἔχρισε, καὶ ἐκαλεῖτο χριστὸς ἐκ τοῦ χρίσματος δηλαδὴ τοῦ τυπικοῦ. Οὕτω καὶ τὸν Σολομῶντα προάγων εἰς βασιλέα, ἔχρισεν αὐτὸν μετὰ τὸ λούσασθαι ἐν τῷ Γειὼν ὁ ἀρχιερεύς. Ἀλλὰ ταῦτα μὲν ἐκείνοις συνέβαινε τυπικῶς, ὑμῖν δὲ οὐ τυπικῶς, ἀλλ' ἀληθῶς, ἐπειδὴ ἀπὸ τοῦ ἁγίῳ Πνεύματι χρισθέντος ἀληθῶς ἡ ἀρχὴ τῆς ὑμετέρας σωτηρίας· ἐκεῖνος γὰρ ἀληθῶς ἀπαρχή, καὶ ὑμεῖς τὸ φύραμα· εἰ δὲ ἡ ἀπαρχὴ ἁγία, δηλονότι μεταβήσεται ἐπὶ τὸ φύραμα ἡ ἁγιότης.

3.7 Τοῦτο φυλάξατε ἄσπιλον· πάντων γὰρ ἔσται τοῦτο διδακτικόν, εἰ ἐν ὑμῖν μένοι, καθὼς ἀρτίως ἠκούσατε τοῦ μακαρίου Ἰωάννου λέγοντος καὶ πολλὰ περὶ τοῦ χρίσματος φιλοσοφοῦντος. Ἔστι γὰρ τοῦτο τὸ ἅγιον πνευματικὸν σώματος φυλακτήριον καὶ ψυχῆς σωτήριον. Τοῦτο ἐκ παλαιῶν χρόνων ὁ μακάριος Ἡσαΐας προφητεύων ἔλεγε· "Καὶ ποιήσει Κύριος πᾶσι τοῖς ἔθνεσι ἐπὶ τὸ ὄρος τοῦτο", ὄρος δὲ καλεῖ τὴν Ἐκκλησίαν, καὶ ἀλλαχοῦ, ὡς ὅταν λέγῃ· "Καὶ ἔσται ἐν ταῖς ἐσχάταις ἡμέραις ἐμφανὲς τὸ ὄρος Κυρίου" – "πίονται οἶνον, πίονται εὐφροσύνην, χρίσονται μύρον." Καὶ ἵνα ἀσφαλίσηταί σε ἀκούειν περὶ τοῦ μύρου τούτου, ὡς μυστικοῦ, φησί· "Παράδος ταῦτα πάντα τοῖς ἔθνεσιν· ἡ γὰρ βουλὴ Κυρίου ἐπὶ πάντα τὰ ἔθνη". Τούτῳ οὖν χρισθέντες τῷ ἁγίῳ μύρῳ, τηρήσατε αὐτὸ ἄσπιλον, ἄμωμον ἐν ὑμῖν, δι' ἔργων ἀγαθῶν προκόπτοντες, καὶ εὐάρεστοι γινόμενοι τῷ ἀρχηγῷ τῆς σωτηρίας ἡμῶν Χριστῷ Ἰησοῦ, ᾧ ἡ δόξα εἰς τοὺς αἰῶνας τῶν αἰώνων. Ἀμήν.

43. Ambrosius (339-397), De mysteriis 7, 42[20]

Du hast die Geistesbesiegelung empfangen, *„den Geist der Weisheit und des Verstandes, den Geist des Rates und der Stärke, den Geist der Erkenntnis und der Frömmigkeit, den Geist der heiligen Furcht"* (Is 11, 2 f.): Bewahre, was du empfangen hast! Gott Vater hat dich besiegelt, Christus der Herr dich gefirmt und den Geist als Unterpfand in dein Herz gegeben, wie du durch die Apostellesung erfahren hast.

Accepisti signaculum spiritale, *spiritum sapientiae et intellectus, spiritum consilii atque virtutis, spiritum cognitionis atque pietatis, spiritum sancti timoris* (Is 11, 2 s.), et serva quod

---

[20] AMBROSIUS (339-397), *De mysteriis* 7, 42 (PL 16, 402; CSEL 73, 106; Fontes christiani 3, 236)

accepisti. Signavit te Deus Pater, confirmavit te Christus Dominus, et dedit pignus Spiritus in cordibus tuis, sicut apostolica lectione didicisti.

44. Ambrosius (339-397), *De Sacramentis,* lib. 2, c. 7[21]

Du bist also untergetaucht, du bist zum Priester gekommen. Was hat er dir gesagt? „Gott,“ so sagte er, „der allmächtige Vater, der dich aus dem Wasser und Geist wiedergeboren und dir deine Sünden vergeben hat, salbe dich selbst zum ewigen Leben“. Sieh, wozu du gesalbt bist: zum ewigen Leben, so sagte er. Bevorzuge nicht dieses Leben vor jenem. Wenn z. B. irgendein Feind kommt, wenn er dir deinen Glauben nehmen möchte, wenn er mit dem Tode droht, damit jemand zu Falle komme: Achte darauf, was du wählst. Wähle nicht das, worauf du nicht gesalbt bist, sondern jenes worauf du gesalbt bist, um das ewige Leben dem zeitlichen vorzuziehen.

Ergo mersisti, venisti ad sacerdotem. Quid tibi dixit? Deus, inquit, pater omnipotens, qui te regeneravit ex aqua et spiritu concessitque tibi peccata tua, ipse te unguet in vitam aeternam[22]. Vide, ubi unctus es: ,in vitam' inquit ,aeternam'. Noli hanc vitam illi vitae anteferre. Verbi gratia si exurgat inimicus aliqui, si velit tibi fidem tuam auferre, si minatur mortem, ut praevaricetur quisquam, vide, quid eligas. Noli eligere illud, in quo non es unctus, sed illud elige, in quo unctus es, ut vitam aeternam vitae praeferas temporali.

45. Ambrosius (339-397), *De Sacramentis,* lib. 3, c. 2, n. 8-10[23]

Es folgt ein geistliches Siegel, worüber ihr heute in der Lesung gehört habt, weil nach der Quelle noch eine Vollendung fehlt, wenn auf die Anrufung des Priesters hin der Heilige Geist eingegossen wird, der Geist der Weisheit und der Einsicht, der Geist des Rates und der Stärke, der Geist der Erkenntnis und der Frömmigkeit, der Geist der heiligen Furcht (Jes 11, 2-3), gleichsam die sieben Kräfte des Geistes. Alle Tugendkräfte gehören ja zum Hl. Geist; diese jedoch sind gleichsam Kardinaltugenden, also vorrangig. Was ist nämlich so vorrangig wie die Frömmigkeit? Was ist so vorrangig wie die Erkenntnis Gottes? Was ist so vorrangig wie die Tugend? Was ist so vorrangig wie der göttliche Rat? Was ist so vorrangig wie die Gottesfurcht? So wie die irdische Furcht Schwäche ist, so ist die Gottesfurcht eine

21 AMBROSIUS (339-397), *De Sacramentis,* lib. 2, c. 7, 24 (CSEL 73, 36; PL 16, 450; Fontes christiani, 3, 114)

22 Cf. RITUALE AMBROSIANUM, *Oratio post baptismum* (H. LECLERCQ, Onction, Dict. d'Archéol. Chrét. et de liturg. 12, 2 (1936) 2119

23 AMBROSIUS (339-397), *De Sacramentis,* lib. 3, c. 2, n. 8-10 (CSEL 73, 42-43; PL 16, 453; Fontes christiani 3, 124)

große Tugendkraft. Dies sind die sieben Tugenden, wenn du besiegelt wirst. Denn so, wie der heilige Apostel sagt, die Weisheit unseres Herrn und die Weisheit Gottes vielgestaltig ist, so vielfältig ist der Heilige Geist, der verschiedene und unterschiedliche Tugenden hat (vgl. 1 Kor 12, 4-11). Daher wird er Gott der Tugenden genannt (vgl. Ps 79, 5.8.15.20), was für den Vater, den Sohn und den Heiligen Geist gilt.

Sequitur spiritale signaculum, quod audistis hodie legi, quia post fontem superest, ut perfectio fiat, quando ad invocationem sacerdotis Spiritus sanctus infunditur, *spiritus sapientiae et intellectus, spiritus consilii atque virtutis, spiritus cognitionis atque pietatis, spiritus sancti timoris* (Is 11, 2-3)*, septem quasi virtutes spiritus.*

Et omnes quidem virtutes ad Spiritum pertinent, sed istae quasi cardinales sunt, quasi principales. Quid enim tam principale quam pietas? Quid tam principale quam cognitio Dei? Quid tam principale quam virtus? Quid tam principale quam consilium Dei? Quid tam principale quam timor Dei? Sicut timor saeculi infirmitas, ita timor Dei magna est fortitudo. Istae sunt septem virtutes, quando consignaris. Nam, ut ait Apostolus sanctus, quia multiformis est, inquit, sapientia Domini nostri et *multiformis sapientia Dei* (Eph 3, 10), ita multiformis est Spiritus sanctus, qui habeat diversas variasque virtutes (cf. 1 Cor 12, 4-11). Unde *Deus virtutum* (cf. Ps 79, 5.8.15.20) dicitur, quod aptari potest Patri et Filio et Spiritui sancto.

46. **Ambrosius** (339-397), *De Sacramentis*, lib. 6, c. 2, n. 6-8[24]

Gott, der Herr, der dich gesalbt hat, hat dich auch besiegelt und hat den Heiligen Geist in dein Herz gelegt. Du hast also den Heiligen Geist in deinem Herzen empfangen. Empfange auch das weitere: wie den Heiligen Geist in deinem Herzen, so empfange auch Christus in deinem Herzen. Wie denn? Du findest es im Hohenlied , wenn Christus zur Kirche sagt: *Lege mich wie ein Siegel in dein Herz, ein Siegel in deinen Armen* (Hld 8, 6). Also hat dich Gott gesalbt, Christus hat dich besiegelt. Auf welche Weise? Weil du mit dem Zeichen seines Kreuzes besiegelt worden bist, mit dem seines Leidens. Du hast die Besiegelung empfangen, um ihm ähnlich zu werden, damit du als sein Abbild auferstehst, nach seinem Bilde lebst, der für die Sünde gekreuzigt worden ist und für Gott lebt. Und dein alter Mensch wurde in die Quelle getaucht und ist der Sünde gekreuzigt worden, aber für Gott auferstanden. Schließlich hast du noch etwas besonderes, dass Gott dich gerufen hat, in der Taufe jedoch wirst du auf eine besondere Weise mit Christus gekreuzigt; schließlich hast du gleichsam etwas besonderes, wann du die geistige Besiegelung empfängst. Du siehst, dass es eine Unterscheidung der Personen gibt, aber alles im Geheimnis der Trinität verbunden.

---

[24]   AMBROSIUS (339-397), *De Sacramentis*, lib. 6, c. 2, n. 6-8 (CSEL 73, 74; Fontes christiani 3, 184)

Deus, qui te unxit, et signavit te Dominus, et posuit Spiritum sanctum in corde tuo (2 Cor 1, 21-22). Accepisti ergo Spiritum sanctum in corde tuo. Accipe aliud, quia quemadmodum sanctus Spiritus in corde, ita etiam Christus in corde. Quomodo? Habes hoc in Canticis canticorum, Christum dicentem ad ecclesiam: *Pone me sicut signaculum in corde tuo, sicut signaculum in brachiis tuis* (Cant 8, 6). Ergo unxit te Deus, signavit te Christus. Quomodo? Quia ad crucis ipsius signatus es formam, ad illus passionem. Accepisti signaculum ad illius similitudinem, ut ad ipsius formam resurgas,ad ipsius vivas figuram, qui peccato crucifixus est, sed Deo resurrexit. Deinde habes alibi speciale, quod te vocaverit Deus, in baptismate autem quasi specialiter concrucifigeris Christo, deinde quasi speciale, quando accipis spiritale signaculum. Vides distinctionem personarum esse, sed connexum omne mysterium trinitatis.

47. Serapion von Thmuis († nach 362), *Euchologion*[25]

Gebet über das Öl, mit dem die Täuflinge gesalbt werden.

Gott der Tugenden, Helfer jeder Seele, die sich zu Dir wendet, und unter die mächtige Hand des Einziggeborenen kommt, wir rufen Dich an, dass Du durch deine göttliche und unsichtbare Macht unseres Herrn und Erlösers Jesus Christus in dieses Öl göttliche und himmlische Wirkung bewirkst, damit die Getauften mit ihm gesalbt im Abbild des Heilszeichens des Kreuzes des Eingeborenen, durch welches der Satan und jede feindliche Macht vertrieben und besiegt worden sind, wie sie wiedergeboren und erneuert worden sind durch das Bad der Wiedergeburt, so auch selbst teilhaft werden der Gabe des Heiligen Geistes, und, durch dieses Siegel gestärkt, standhaft und unerschütterlich, schuldlos und unverletzt bleiben.

Oratio in oleum quo unguntur baptizati.

Deus virtutum, auxiliator omnis animae, quae se ad te convertit, ac fit sub potenti manu tua Unigeniti, invocamus te, ut per divinam et invisibilem virtutem tuam Domini et salvatoris nostri Jesu Christi opereris in hoc oleo operationem divinam ac caelestem, ut baptizati et uncti in eo effigie signi salutaris crucis Unigeniti, per quam crucem depulsus et triumphatus est Satanas et omnis potestas adversaria, tamquam regenerati ac renovati per lavacrum regenerationis, ipsi quoque participes fiant doni Spiritus Sancti et hoc sigillo confirmati permaneant stabiles et immobiles, innocui et inviolati.

---

[25]   Ed. F. X. Funk, *Patres apostolici*, ed. 2 Tubingae 1901, vol. 2, 186

48. Liber sacramentorum Romanae ecclesiae ordinis anni circuli (Sacramentarium Gelasianum)(ca. saec. 5)[26]

Dann wird ihnen vom Bischof der siebenfältige Geist verliehen. Zur Besiegelung legt er ihnen die Hände auf mit den Worten:

„Allmächtiger Gott, Vater unseres Herrn Jesus Christus, Du hast Deine Diener aus dem Wasser und dem Hl. Geist wiedergeboren und ihnen den Nachlass aller Sünden gewährt. Du unser Herr, sende ihnen deinen Heiligen Geist, den Beistand und gib ihnen den Geist der Weisheit und des Verstandes, den Geist des Rates und der Stärke, den Geist der Wissenschaft und der Frömmigkeit; erfülle sie mit dem Geist der Gottesfurcht im Namen unseres Herren Jesus Christus, mit dem Du immer lebst und herrschst als Gott mit dem Heiligen Geist, von Ewigkeit zu Ewigkeit. Amen."

Danach bezeichnet er sie auf der Stirm mit dem Chrisamöl und spricht: Das Zeichen Christi zum ewigen Leben.

Die Antwort lautet: Amen.

Deinde ab episcopo datur eis spiritus septiformis. Ad consignandum inponit eis manum in his verbis:

Deus omnipotens, Pater Domini nostri Jesu Christi, qui regenerasti famulos tuos ex aqua et Spiritu sancto quique dedisti eis remissionem omnium peccatorum: tu Domine, immitte in eos Spiritum sanctum tuum paraclytum et da eis spiritum sapientiae et intellectus, spiritum consilii et fortitudinis, spiritum scientiae et pietatis; adimple eos spiritum timoris Dei: in nomine Domini nostri Jesu Christi; cum eo vivis et regnas Deus semper cum Spiritu sancto per omnia saecula saeculorum. Amen.

Postea signat eos in fronte de chrismate dicens: *Signum Christi in vitam aeternam.*
Respondet. Amen.

49. Papst Anastasius I, *1. Synode von Toledo,* (Sept. 400 (405?))[27]

Kan. 20. (1): Obwohl fast überall beachtet wird, dass außer dem Bischof niemand das Chrisam weiht, wurde dennoch, da in manchen Orten oder Provinzen dem Vernehmen nach Priester das Chrisam weihen, beschlossen, dass von diesem Tag an kein anderer außer dem Bischof das Chrisam weiht und für die Diözesen austeilt, und zwar in der Weise, dass von den

---

[26]   *Liber sacramentorum Romanae ecclesiae ordinis anni circuli* (Sacramentarium Gelasianum), ed. L. C. Mohlberg, Romae 1981, 44. Vgl. ganz ähnlich im neuen *Ordo confirmationis,* 25

[27]   DH 187

einzelnen Kirchen vor dem Ostertag Diakone oder Subdiakone zum Bischof geschickt werden, damit das vom Bischof bereitete und verteilte Chrisam zum Ostertag zur Verfügung stehen kann.

(2): Der Bischof freilich darf ohne Zweifel zu jeder Zeit Chrisam :weihen, ohne Wissen des Bischofs aber darf überhaupt nichts geschehen; es ist aber festgelegt, dass der Diakon keine Chrisamsalbung spendet, sondern der Priester in Abwesenheit des Bischofs; in seiner Anwesenheit aber, wenn er von ihm beauftragt ist.

Can. 20. (1): Quamvis paene ubique custodiatur, ut absque episcopo chrisma nemoconficiat, tamen quia in aliquibus locis velprovinciis presbyteri dicuntur chrisma conficere, placuit, ex hac die nullum aliumnisi episcopum chrisma conficere et perdioeceses destinare, ita ut de singulis ecclesiis ad episcopum ante diem Paschae diaconi destinentur aut subdiaconi, ut confectum chrisma ab episcopo destinatum ad diem Paschae possit occurrere.

(2): Episcopum sane certum est omni tempo relicere chrisma conficere, sine conscientia autem episcopi nihil penitus faciendum; statutum vero est diaconum non chrismare, sed presbyterum absente episcopo, praesente vero, si ab ipso fuerit praeceptum.

50. Papst Innozenz I (402-417), Brief „*Si instituta ecclesiastica*" an Bischof Decentius von Gubbio (19. 3. 416)[28]

„Was aber die Firmung der Kinder betrifft, so ist es offenkundig, dass sie nur vom Bischof gespendet werden kann. Denn die Presbyter haben, auch wenn sie Priester zweiten Ranges sind, dennoch nicht die höchste Würde des Hohepriesteramtes. Dass aber diese hohepriesterliche Aufgabe, sowohl zu firmen als auch den Tröster-Geist mitzuteilen, allein den Bischöfen zukommt, beweist nicht nur die Gewohnheit der Kirche, sondern auch jene Lesung aus der Apostelgeschichte, die berichtet, dass Petrus und Johannes gesandt worden sind, um den bereits Getauften den Heiligen Geist zu übertragen (vgl. Act 8, 14-17). Denn Presbytern ist es erlaubt, wenn sie – sei es ohne Bischof oder in Anwesenheit des Bischofs - taufen, die Getauften mit dem Chrisam zu salben, welches aber zuvor vom Bischof geweiht worden ist. Doch dürfen sie nicht die Stirn mit demselben Öl bezeichnen, was allein den Bischöfen zusteht, wenn sie den Tröster-Geist übertragen. Die Worte aber kann ich nicht sagen, um nicht den Anschein zu erwecken, eher etwas preiszugeben, als auf die Anfrage zu antworten.

---

[28] PAPST INNOZENZ I (19. 3. 416), Ep. 25. *Brief „Si instituta ecclesiastica" an Bischof Decentius von Gubbio,* Cap. 3 § 6 (DS 215; PL 20, 554B-555A 559B-561; CouE 858A-859A 862B-864A; MaC 3, 1029BC 1030E; GRATIAN, *Decretum,* p. III, dist. 4, c. 119 (ed. Friedberg 1, 1398)).

De consignandis vero infantibus manifestum est, non ab alio quam ab episcopo fieri licere. Nam presbyteri, licet secundi sint sacerdotes, pontificatus tamen apicem non habent. Hoc autem pontificium solis deberi episcopis, ut vel consignent, vel Paracletum Spiritum tradant, non solum consuetudo ecclesiastica demonstrat, verum et illa lectio Actuum Apostolorum, quae asserit Petrum et Johannem esse directos, qui iam baptizatis traderent Spiritum Sanctum [cf. Act 8, 14- 17]. Nam presbyteris, sive extra episcopum, sive praesente episcopo cum baptizant, chrismate baptizatos ungere licet, sed quod ab episcopo fuerit consecratum; non tamen frontem ex eodem oleo signare, quod solis debetur episcopis, cum tradunt Spiritum Paracletum. Verba vero dicere non possum, ne magis prodere videar, quam ad consultationem respondere.

51. **Augustinus** (354-430), *Enn. in Ps.* 130, 5[29]

Ihm [Simon dem Magier] gefiel mehr die Macht der Apostel als die Gerechtigkeit der Christen. Denn er sah, dass Gott durch die Handauflegung der Apostel und durch ihr Gebet den Gläubigen den heiligen Geist gibt. Damals wurde ja das Wunder der Herabkunft des heiligen Geistes dadurch offenbar, dass alle, über die der Heilige Geist kam, in Sprachen redeten, die sie nicht gelernt hatten. (Wenn die Gläubigen freilich jetzt nicht in Sprachen reden, dann nicht deswegen, weil ihnen jetzt der heilige Geist nicht geschenkt würde. Damals nämlich war es deshalb notwendig, in fremden Zungen zu reden, damit sie so darauf hinwiesen, alle Zungen würden einmal Christus glaubend bekennen. Wo erfüllt ist, was angedeutet wurde, wird auch das Wunder nicht mehr gewirkt). Weil Simon also dies sah, wollte er dasselbe wie die Apostel wirken, wollte aber nicht so sein wie sie.

Plus illum [Simonem magum] delectavit potentia Apostolorum, quam iustitia Christianorum. At ubi vidit per manus impositionem Apostolorum et per orationes eorum Deum dare fidelibus Spiritum sanctum; et quia tunc miraculum demonstrabatur adventus Spiritus sancti, ut linguis loquerentur, quas non didicerant, omnes super quos veniebat Spiritus sanctus (Nec ideo modo non datur Spiritus sanctus, quia linguis non lonquuntur, qui credunt. Ideo enim tunc oportebat ut linguis loquerentur, ut significarent omnes linguas Christo credituras. Ubi impletum est quod significabatur, miraculum ablatum est): cum ergo hoc videret Simon, voluit talia facere, non talis esse.

52. **Augustinus** (354-430), *In Ep. Johannis ad Parthos,* tract. 3, 5[30]

Die geistliche Salbung ist der Heilige Geist selbst, dessen Sakrament in der sichtbaren Salbung besteht.

---

[29]   CChrL 40, 1901; PL 37, 1706

[30]   PL 35, 2000

Unctio spiritualis ipse Spiritus sanctus est, cuius sacramentum est in unctione visibili.

53. Augustinus (354-430), *In Ep. Johannis ad Parthos*, tract. 6, c. 3, n. 10[31]

In den ersten Zeiten kam der Heilige Geist über die Gläubigen, und sie redeten in Sprachen, die sie nicht gelernt hatten, wie es ihnen der Geist zu verkünden eingab. Die Zeichen waren der Zeit angemessen. Denn der Heilige Geist musste so in allen Sprachen angedeutet werden, weil das Evangelium Gottes durch alle Sprachen auf dem ganzen Erdkreis verbreitet werden sollte. Damals wurde es so bezeichnet, jetzt ist das Zeichen vorüber. Sollten heute etwa jene, denen die Hand aufgelegt wird, damit sie den Heiligen Geist empfangen, erwarten, in Sprachen zu reden? Oder beobachtet jemand unter euch vielleicht, ob die kleinen Kinder in Sprachen reden, wenn wir ihnen die Hand aufgelegt haben? Und sollte etwa einer von euch so verkehrten Herzens sein, dass er, weil er sie nicht in Sprachen reden sieht, daraus schlösse: Diese haben den Heiligen Geist nicht empfangen; denn wenn sie ihn erhalten hätten, würden sie in Sprachen reden, wie es damals geschehen ist? Wenn also heute die Gegenwart des Heiligen Geistes durch derartige Wunder nicht mehr bezeugt wird, woran kann dann einer erkennen, dass er den Heiligen Geist empfangen hat? Er prüfe sein Herz: Wenn einer seinen Bruder liebt, bleibt der Geist Gottes in ihm. Er sehe also zu, er prüfe sich selbst vor dem Angesicht Gottes, er sehe zu, ob sich in ihm die Liebe des Friedens und der Einigkeit finde, die Liebe der über den ganzen Erdkreis ausgebreiteten Kirche. Er bemühe sich, nicht nur den Bruder zu lieben, den er vor sich erblickt; denn viele unserer Brüder sehen wir nicht, und doch sind wir mit ihnen in der Einheit des Geistes verbunden. Was wundert's, wenn sie nicht bei uns sind? Wir sind in *einem* Leib, wir haben *ein* Haupt im Himmel. Bruder, unsere Augen sehen sich nicht, als ob sie nichts voneinander wüssten. Doch kennen sie sich nicht in der Liebe ihrer körperlichen Verbindung? Denn - damit ihr begreift, dass sie sich in der Einigung der Liebe kennen - wenn beide offen stehen, ist es unmöglich, dass das rechte auf etwas merkt, was das linke nicht beachtet. Richte den Blick des rechten Auges ohne den des linken irgendwohin, wenn du kannst. Sie gehen immer miteinander, sie werden zugleich ausgerichtet, sie haben *einen* gemeinsamen Blickpunkt, ihr Sitz im Körper aber ist verschieden. Wenn also alle, die zusammen mit dir Gott lieben, mit dir eine gemeinsame Absicht haben, dann lenke deine Aufmerksamkeit nicht darauf, dass du

---

[31]   PL 35, 2025-2026

dem Leibe nach örtlich von ihnen getrennt bist; ihr habt den Gipfel des Herzens gleichermaßen auf das Licht der Wahrheit ausgerichtet. Wenn du also wissen willst, ob du den Geist empfangen hast, prüfe dein Herz, damit du nicht etwa das Sakrament hast, doch nicht die Kraft des Sakramentes. Prüfe dein Herz! Wenn darin sich die Bruderliebe findet, dann sollst du sicher sein. Die Liebe kann es nicht ohne den Geist Gottes geben, denn Paulus ruft aus: *„Die Liebe Gottes ist ausgegossen in unsere Herzen durch den Heiligen Geist, der uns gegeben ist"* (Rom 5, 5).

Primis temporibus cadebat super credentes Spiritus sanctus; et loquebantur linguis quas non didicerant, quomodo Spiritus dabat eis pronuntiare. Signa erant tempori opportuna. Oportebat enim ita significari in omnibus linguis Spiritum sanctum, quia Evangelium Dei per omnes linguas cursurum erat toto orbe terrarum. Significatum est illud, et transiit. Numquid modo quibus imponitur manus ut accipiant Spiritum sanctum, hoc exspectatur, ut linguis loquantur? Aut quando imposuimus manum istis infantibus, attendit unusquisque vestrum utrum linguis loquerentur; et cum videret eos linguis non loqui, ita perverso corde aliquis vestrum fuit ut diceret: Non acceperunt isti Spiritum sanctum; nam si accepissent, linguis loquerentur quemadmodum tunc factum est? Si ergo per haec miracula non fiat modo testimonium praesentiae Spiritus sancti; unde fit, unde cognoscit quisque accepisse se Spiritum sanctum? Interroget cor suum: si diligit fratrem, manet Spiritus Dei in illo. Videat, probet seipsum coram oculis Dei; videat si est in illo dilectio pacis et unitatis, dilectio Ecclesiae toto terrarum orbe diffusae. Non attendat eum solum diligere fratrem quem attendit ante se: multos enim non videmus fratres nostros, et in unitate Spiritus illis copulamur. Quid mirum quia nobiscum non sunt? In uno corpore sumus, unum caput habemus in coelo. Fratres, oculi nostri non se vident, quasi non se norunt. An in caritate compaginis corporalis non norunt se? Nam, ut noveritis quia in coniunctione caritatis se norunt: quando ambo patent, non licet ut aliquid attendat dexter, quod non attendat sinister. Dirige radium dextrum sine altero, si potes. Simul coeunt, simul diriguntur; intentio una est, loca diversa sunt. Si ergo omnes qui tecum diligunt Deum, unam intentionem tecum habent, noli attendere quia corpore in loco separatus es; aciem cordis simul fixistis in lumine veritatis. Ergo si vis nosse quia accepisti Spiritum, interroga cor tuum; ne forte sacramentum habes, et virtutem sacramenti non habes. Interroga cor tuum, si est ibi dilectio fratris, securus esto. Non potest esse dilectio sine Spiritu Dei: quia Paulus clamat: *„Caritas Dei diffusa est in cordibus nostris per Spiritum sanctum qui datus est nobis"* (Rom 5, 5).

54. Augustinus (354-430), *Sermo* 227[32]

Wenn nämlich der Weizen nicht zermalmt und mit dem Wasser durchtränkt wird, kommt er in keiner Weise zu der Gestalt, die Brot heißt. So

---

[32]   AUGUSTINUS (354-430), *Sermo* 227 (PL 38, 1100)

werdet auch ihr mit der Verdemütigung des Fastens und dem Heilszeichen des Exorzismus vorher gleichsam zermalmt. Zur Taufe kam auch das Wasser hinzu; ihr wurdet gleichsam besprengt, damit ihr zur Gestalt des Brotes gelangt. Aber noch ist es kein Brot ohne Feuer. Was bezeichnet nun das Feuer? Das ist die Salbung. Das Öl für unser Feuer ist das Sakrament des Heiligen Geistes. [...] Wenn ihr zur Kirche kommt, lasst ab von hohlen Fabeln, richtet euch nach der Schrift. Wir sind eure Bücher. Seid daher wachsam und haltet Ausschau, denn zu Pfingsten wird der Heilige Geist kommen. Und so wird er kommen: er zeigt sich in Feuerzungen. Er flößt nämlich die Liebe ein, durch die wir in Gott hinein brennen und die Welt verachten; unser Heu wird verbrannt und unser Herz gleichsam zu Gold gereinigt. Es kommt also der Heilige Geist, nach dem Wasser das Feuer: und ihr werdet zu Brot, das der Leib Christi ist.

Nisi enim molatur triticum, et per aquam conspergatur, ad istam formam minime venit, quae panis vocatur. Sic et vos ante ieiunii humiliatione et exorcismi sacramento quasi molebamini. Accessit baptismum et aqua; quasi conspersi estis, ut ad formam panis veniretis. Sed nondum est panis sine igne. Quid ergo significat ignis? Hoc est chrisma. Oleum etenim ignis nostri, Spiritus sancti est sacramentum. [...] Quando venitis ad ecclesiam, tollite fabulas vanas; intenti estote ad Scripuras. Codices vestri nos sumus Attendite ergo, et videte, quia venturus est Pentecoste Spiritus sanctus. Et sic veniet: in linguis igneis se ostendit. Inspirat enim caritatem, qua ardeamus in Deum, et contemnamus mundum, et fenum nostrum exuratur, et cor quasi aurum purgetur. Accedit ergo Spiritus sanctus, post aquam ignis: et efficimini panis, quod est corpus Christi.

55. Augustinus (354-430), *Contra literas Petiliani Donatistae*, 2, 104, 239[33]

Das Sakrament der Salbung ... ist heilig im Bereich der sichtbaren Zeichen, wie auch die Taufe selbst; aber es kann auch vorhanden sein bei ganz schlechten Menschen, die ihr Leben in fleischlichen Werken verbringen und das Himmelreich nicht besitzen werden. ... Unterscheide also das sichtbare heilige Sakrament, das sowohl in Guten wie in Bösen gegeben sein kann, den einen zum Lohn, den andern zum Gericht, von der unsichtbaren Salbung der Liebe, die nur den Guten zu eigen ist.

Sacramentum chrismatis ... in genere visibilium signaculorum sacrosanctum est, sicut ipse baptismus; sed potest esse et in hominibus pessimis, in operibus carnis vitam consumentibus et regnum caelorum non possessuris. ... Discerne ergo visibile sanctum sacramentum, quod esse et in bonis et in malis potest, illis ad praemium, illis ad iudicium, ab invisibili unctione caritatis, quae propria bonorum est.

---

[33] PL 43, 342; CSEL 52, 154

56. **Pacianus** (ca. 300-ca. 390), **Ep. Barcilonensis,** *Sermo de baptismo,* 6[34]

„Allen, die ihn aufnahmen, gab er Macht, Kinder Gottes zu werden" (Joh 1, 12). Dies aber kann nicht anders erfüllt werden als durch das Sakrament des Wasserbades, der Salbung und des Bischofs. Denn durch das Wasserbad werden die Sünden getilgt; durch die Salbung wird der Heilige Geist ausgegossen; beides aber erlangen wir durch die Hand und die Stimme des Priesters. Und so wird der ganze Mensch in Christus wiedergeboren und erneuert in Christus, damit *„wie Christus von den Toten auferstanden ist, so auch wir in einem neuen Leben wandeln"* (vgl. Rom 6, 4), das heißt die Verirrungen des alten Lebens, den Götzendienst, die Grausamkeit, die Unzucht, die Ausschweifung und die übrigen Laster des Fleisches und Blutes ablegen und durch den Geist in Christus den neuen Sitten, dem Glauben, der Schamhaftigkeit, der Unschuld und der Keuschheit folgen. Und so *„wie wir das Bild des irdischen Menschen getragen haben, werden wir auch das Bild des himmlischen an uns tragen. Denn der erste Mensch stammt von der Erde und ist irdisch; der zweite Mensch stammt vom Himmel und ist himmlisch"* (1 Kor 15, 49. 47).

Quotquot eum receperunt, dedit eis potestatem filios Dei fieri (Joh 1, 12). Haec autem compleri alias nequeunt, nisi lavacri et chrismatis et antistitis sacramento. Lavacro enim peccata purgantur; chrismate sanctus Spiritus superfunditur; utraque vero ista, manu et ore antistitis impetramus: atque ita totus homo renascitur et innovatur in Christo; *ut sicut resurrexit Christus a mortuis, sic et nos in novitate vitae ambulemus* (Rom 6, 4); id est, ut depositis vitae veteris erroribus, idolorum servitute, crudelitate, fornicatione, luxuria, caeterisque vitiis carnis et sanguinis, novos per Spiritum mores sequamur in Christo, fidem, pudicitiam, innocentiam, castitatem. Ac: *sicut portavimus imaginem terreni hominis, portemus et eius qui de coelo est; quia primus homo de terra, terrenus; secundus a coelo, coelestis* (1 Cor 15, 49. 47).

57. **Leo Magnus, Papa** (440-461), *Sermo* 4 (al. 3) c. 1[35]

„Ihr aber seid ein auserwähltes Geschlecht, ein königliches Priestertum, ein heiliger Stamm, das Volk der Erwerbung" (1 Petr 2, 9; vgl. Ex 19, 6). Alle, die in Christus wiedergeboren sind, macht also das Zeichen des Kreuzes zu Königen, während sie die Salbung des heiligen Geistes zu Priestern weiht. Darum sollen sich auch alle, die im Geiste und in ihren Grundsätzen Christen sind, bewusst sein, dass sie – abgesehen von den *besonderen* Aufgaben *unseres* Amtes – von königlichem Geschlechte stammen und an den Pflichten des

---

[34]   PACIANUS (ca. 300-ca. 390), Ep. Barcilonensis, *Sermo de baptismo,* 6 (PL 13, 1093B; ed. C. Granado SJ, Sources Chrétiennes, Paris 1995, 410).

[35]   LEO MAGNUS (440-461), *Sermo* 4 (al. 3) c. 1 (PL 54, 148-149)

Priesters Anteil haben! Was ist so königlich, als wenn ein Gott untertäniger Geist die Herrschaft über seinen Leib führt? Und was ist so priesterlich als dem Herrn ein reines Gewissen zu weihen und ihm makellose Opfer der Frömmigkeit auf dem Altar seines Herzens darzubringen? Wenn daran auch alle gemeinsam durch Gottes Gnade Anteil haben, so ist es doch nur gottgefällig und lobenswert, wenn ihr euch über den Tag unserer Erhebung zur hohen Würde wie über eine euch selbst zuteil gewordene Ehre freut, so dass also der *ganze* Leib der Kirche das *eine* Sakrament des Hohenpriestertums feiert. Wenn dies auch bei der Ausgießung des Weiheöls seine Segnungen in reicherem Maße auf die *oberen* Glieder übergehen ließ, so wurden doch auch die *unteren* nicht kärglich damit bedacht.

Vos autem genus electum, regale sacerdotium, gens sancta, populus acquisitionis (1 Petr 2, 5. 9). Omnes enim in Christo regeneratos, crucis signum efficit reges, sancti vero Spiritus unctio consecrat sacerdotes; ut praeter istam specialem nostri ministerii servitutem, universi spiritales et rationabiles Christiani agnoscant se regii generis, et sacerdotalis officii esse consortes. Quid enim tam regium quam subditum Deo animum corporis sui esse rectorem? Et quid tam sacerdotale quam vovere Domino conscientiam puram, et immaculatas pietatis hostias de altari cordis offere? Quod cum omnibus per Dei gratiam commune sit factum, religiosum tamen vobis atque laudabile est, de die provectionis nostrae quasi de proprio honore gaudere, ut unum celebretur in toto Ecclesiae corpore pontificii sacramentum, quod, effuso benedictionis unguento, copiosius quidem in superiora prefluxit, sed non parce etiam in inferiora descendit.

58. Leo Magnus, Papa (440-461), *Sermo* 75, c. 5[36]

[...] Meine Lieben, einmütig sollen wir zur Verehrung des Pfingstfestes angefeuert werden; freuen sollen wir uns zu Ehren des Heiligen Geistes, der die ganze katholische Kirche mit seiner Heiligkeit erfüllt und zu jeder nach Weisheit strebenden Seele kommt, der uns den Glauben einhaucht und alles Wissen lehrt, der die Quelle der Liebe, das Siegel der Keuschheit und der Urgrund jeglicher Tugend ist! Freuen sollen sich die Herzen der Gläubigen, dass sich auf der ganzen Welt die Zungen aller zu dem „einen" Gott, dem Vater, dem Sohne und dem Heiligen Geiste bekennen und ihn preisen! Freuen sollen sie sich, dass jene Erscheinung der feurigen Zungen in ihren Wirkungen wie in ihren Gnadengaben auch noch weiterhin fortdauert; denn der Geist der Wahrheit erfüllt selbst mit seinem glänzenden Lichte das Haus seiner Herrlichkeit. In seinem Tempel duldet er weder irgendwelche Finsternis noch irgendeine Lauheit.

---

[36]   PL 54, 403BC

[...] Ad venerationem Pentecostes unanimiter incitemur, exsultantes in honorem sancti Spiritus, per quem omnis Ecclesia catholica sanctificatur, omnis anima rationalis imbuitur; qui inspirator fidei, doctor scientiae, fons dilectionis, signaculum castitatis, et totius est causa virtutis. Gaudeant fidelium mentes, quod in toto mundo unus Deus, Pater, et Filius, et Spiritus sanctus, omnium linguarum laudatur; quodque illa significatio, quae in specie ignis apparuit, et opere perseverat et munere. Ipse enim Spiritus veritatis facit domum gloriae suae luminis sui nitore fulgere, et in templo suo nec tenebrosum aliquid vult esse, nec tepidum.

59. Gregorius Magnus, Papa (540-604), *Ep.* 4, 26 Januario episcopo[37]

Es wurde uns auch berichtet, Dass einige daran Anstoß genommen haben, dass wir verboten haben, dass Priester die Getauften mit dem heiligen Öl salben. Doch haben wir dies nach dem alten Brauch unserer Kirche festgelegt; wenn jedoch einige darüber traurig sind, dann erlauben wir, dass dort, wo keine Bischöfe sind, auch die Priester die Getauften auf der Stirn mit dem Chrisma salben sollen.

Pervenit quoque ad nos quosdam scandalizatos fuisse, quod presbyteros chrismate tangere eos, qui baptizati sunt, prohibuimus. Et nos quidem secundum usum veterem ecclesiae nostrae fecimus; sed si omnino hac de re aliqui contristantur, ubi episcopi desunt, ut presbyteri et ihn frontibus baptizatos chrismate tangere debeant concedimus.

60. Beda Venerabilis OSB (672/3-735), *In Lucae Ev. expositio,* lib. 6, in Lc 22, 39[38]

„Dann ging er hinaus und begab sich, wie er es gewohnt war, an den Ölberg" (Lc 22, 39). Da er nun vom Jünger ausgeliefert werden sollte, ging er an einen Ort, wohin er sich gewöhnlich zurückzuziehen pflegte; denn dort konnte er am leichtesten aufgefunden werden. Wo sind also jene, die behaupten, Jesus habe den Tod gefürchtet und sei unfreiwillig gekreuzigt worden? Und schön führt er die Jünger, die er gerade eben in die Geheimnisse seines Fleisches und Blutes einweihte, zum Ölberg hinaus, um dadurch anzudeuten, dass alle auf seinen Tod Getauften mit dem allerhöchsten Chrisam des Heiligen Geistes gefirmt werden müssten. So können sie mit dem Psalmisten ausrufen: *„Leuchtend strahlt dein Antlitz über uns, Herr; und Freude gabst du mir ins Herz"* (Ps 4, 7).

---

[37] GREGORIUS MAGNUS, *Ep.* (4) 26 (PL 77, 696)

[38] BEDA VENERABILIS OSB (672/3-735), *In Lucae Ev. expositio,* lib. 6, in Lc 22, 39 (PL 92, 602 A)

„Et egressus, ibat secundum consuetudinem in montem Olivarum. Secuti sunt autem illum et discipuli". Tradendus a discipulo Dominus, consueti secessus locum quo facillime reperi possit, adit. Ubi sunt ergo qui eum mortem timuisse, invitumque contendunt esse crucifixum? Et pulchre sui corporis et sanguinis mysteriis imbutos in montem Olivarum discipulos educit, ut omnes in morte sua baptizatos altissimo sancti Spiritus chrismate confirmandos esse designet, qui dicere possint cum Psalmista: *„Signatum est super nos lumen vultus tui, Domine, dedisti laetitiam in corde meo"* (Ps 4, 7: Vulg.)

61. Decretum Gratiani (ca. 1140), *p. 3 d. 5 c. 1-10*[39]

> *C. I. Post baptisma confirmationis sacramentum praestetur.*
>
> Item *Urbanus Papa* omnibus Christianis. [ep. I. c. 7.]
>
> *I. Pars.* Omnes fideles per manus impositiones episcoporum Spiritum sanctum post baptismum accipere debent, ut pleni Christiani inveniantur, quia, cum Spiritus sanctus infunditur, cor fidele ad prudentiam et constantiam dilatatur.
>
> *C. II. Quid conferat Spiritus sanctus in baptismate, quid in confirmatione.*
>
> Item *Melchiades Papa.* [in ep. ad Episc. Hisp., c. 2.]
>
> Spiritus sanctus, qui super aquas baptismi salutifero descendit lapsu, in fonte plenitudinem tribuit ad innocentiam, in confirmatione augmentum praestat ad gratiam. Et quia in hoc mundo tota aetate victuris inter invisibiles hostes et pericula gradiendum est, in baptismo regeneramur ad vitam, post baptismum confirmamur ad pugnam; in baptismo abluimur, post baptismum roboramur. Et quamvis continuo transituris sufficiant regenerationis beneficia, victuris tamen necessaria sunt confirmationis auxilia. Regeneratio per se salvat mox in pace beati saeculi recipiendos; confirmatio armat et instruit ad agones mundi huius et praelia reservandos. Qui autem post baptismum cum acquisita innocentia inmaculatus ad mortem pervenit, confirmatur morte, quia iam non potest peccare post mortem
>
> *C. III. Manus impositionis sacramentum dignius est sacramento baptismi.*
>
> Idem Hispaniarum episcopis.
>
> De his vero, super quibus rogastis vos informari, id est: utrum maius sit sacramentum manus impositionis episcoporum, aut baptismus? scitote, utrumque magnum esse sacramentum, et, sicut unum maioribus, id est summis pontificibus est accomodatum, quod a minoribus perfici non potest, ita et maiori veneratione venerandum et tenendum est. Sed ita coniuncta sunt haec duo sacramenta, ut ab invicem nisi morte praeveniente nullatenus possint segregari, et unum sine altero perfici non potest.
>
> *C. IV. Non ab aliis quam ab episcopis manus inpositionis sacramentum perfici potest.*

---

[39] *Decretum sive Concordia discordantium canonum.* Kritische Ausgabe von E.Friedberg, Leipzig 1879-81 (= *Corpus Iuris Canonici*, 1), Repr. Graz 1959, vol. II, 1414-1415; PL 187, 1855B-1856C. Vgl. PS-ISIDORUS, *Decretales* (PL 130, 240B-241C); M. HAUKE, *Die Firmung*, Paderborn 1999, 152, 164, 188.

Item *Eusebius Papa* [epist. III. ad Episcopos Tusciae et Campaniae]

Manus quoque impositionis sacramentum magna veneratione tenendum est, quod ab aliis perfici non potest, nisi a summis sacerdotibus, nec tempore Apostolorum ab aliis quam ab ipsis Apostolis legitur aut scitur peractum esse, nec ab aliis, quam, qui eorum tenent locum, umquam perfici potest aut fieri debet. Nam si aliter presumptum fuerit, irritum habeatur et vacuum, nec inter ecclesiastica umquam reputabitur sacramenta.

C. V. Quare confirmationis sacramentum baptizato tradatur.

Item *Rhabanus* de institutione clericorum. [lib. I. c. 20.]

Novissime a summo sacerdote per manus impositionem Paraclitus traditur baptizato, ut roboretur per Spiritum sanctum ad predicandum aliis idem donum, quod in baptismate consecutus est per gratiam vitae donatus eternae. Signatur enim baptizatus cum chrismate per sacerdotem in capitis summitate; per pontificem vero in fronte, ut in priore unctione significetur super ipsum Spiritus sancti descensio ad habitationem Deo consecrandam: in secunda quoque, ut eiusdem Spiritus sancti septiformis gratia cum omni plenitudine sanctitatis, et scientiae, et virtutis venire in hominem declaretur.

C. VI. Ad confirmationem non nisi ieiuni veniant.

Item ex *Concilio Aurelianensi*, c. 3.

Ut ieiuni ad confirmationem veniant perfectae etatis ut moneantur confessionem facere prius, ut mundi donum Spiritus S. ualeant accipere, et quia numquam erit Christianus, nisi in confirmatione episcopali fuerit crismatus.

C. VII. Episcopi non nisi ieiuni baptizatos confirment.

Item ex *Concilio Meldensi* c. 6.

Ut episcopi non nisi ieiuni per inpositionem manuum Spiritum sanctum tradant, exceptis infirmis et morte periclitantibus. Sicut autem duobus temporibus, Pasca videlicet et Pentecosten, a ieiunis debet baptismus celebrari, ita et traditionem Spiritus sancti a ieiunis pontificibus convenit celebrari.

C. VIII. Secundo vel tertio nullus confirmetur.

Item ex *Concilio Tarraconensi* c. 6.

Dictum est nobis, quod quidam de plebe bis, vel ter, aut eo amplius, episcopis ignorantibus tamen, ab eisdem episcopis confirmentur. Unde visum est nobis, eandem confirmationem, sicut nec baptisma, iterari minime debere, quia bis, vel amplius baptizatos aut confirmatos non seculo, sed soli Deo sub habitu regulari vel clericali religiosissime famulari decretum est

C. IX. De eodem.

Item *Gregorius III.* [epist. IV. ad Bonifatium]

De homine, qui a pontifice confirmatus fuerit, denuo talis iteratio prohibenda est.

C. X. Omnia sacramenta crucis signaculo perficiuntur.

Item *Stephanus Papa V.*

Numquid non omnia chrismata sacerdotalis ministerii crucis figura perficiuntur? Numquid baptismatis unda nisi cruce sanctificata peccata relaxat, et, ut cetera pretereamus, sine crucis signaculo quis sacerdotii gradus ascendit?

62. Ivo Carnotensis (ca. 1040-1116), *Panormia*, lib. 1, c. 113[40]

Alle Gläubigen müssen, um im vollen Sinne als Christen gelten zu können, nach der Taufe durch die Handauflegung der Bischöfe den Heiligen Geist empfangen.

Omnes fideles per manus impositionem episcoporum, post baptismum debent Spiritum sanctum accipere ut pleni Christiani inveniantur.

63. Ivo Carnotensis (ca. 1040-1116), *Panormia*, lib. 1, c. 118[41]

Der Getaufte wird nämlich vom Priester mit dem Chrisam auf dem Scheitel des Hauptes bezeichnet, durch den Bischof aber auf der Stirne. Durch die erste Salbung soll angedeutet werden, dass der Heilige Geist über ihn herabsteigt, um ihn zu einer Wohnung Gottes zu weihen. In der zweiten Salbung aber soll verkündet werden, dass die siebenförmige Gnade desselben Heiligen Geistes mit der ganzen Fülle der Heiligkeit, der Wissenschaft und der Tugendkraft in den Menschen kommt.

Signatur enim baptizatus cum chrismate per sacerdotem in capitis summitate; per pontificem vero in fronte, ut in priore unctione significetur super ipsum Spiritus sancti descensio ad habitationem Deo consecrandam; in secunda quoque ut eiusdem Spiritus sancti septiformis gratia, cum omni plenitudine sanctitatis et scientiae et virtutis, in hominem venire declaretur.

64. Otto Bambergensis, Ep. (1060/62-1132), *Sermo ad primitivam suam ecclesiam anno 1124 fundatam, habitus Pirissae in Pomerania, cum ab ea prima vice Bambergam rediret*[42]

Das zweite Sakrament ist die Firmung, das heißt die Salbung der Stirn mit dem Chrisam. Denen, die siegen wollen, ist dieses Sakrament vonnöten, das bedeutet, dass sie durch die Stärkung des Heiligen Geistes gefestigt werden müssen, wenn sie sich zum Kampf gegen alle Versuchungen und Bosheiten des Lebens wappnen. Jedoch darf man die Firmung nicht bis ins Greisenalter hinauszögern, wie manche meinen, sondern sie muss in der

---

[40] IVO CARNOTENSIS (ca. 1040-1116), *Panormia*, lib. 1, c. 113 (PL 161, 1069); citatum a Urbano Papa I, Epist. 2

[41] PL 161, 1071, citatum a RHABANO MAURO, *De institutione clericorum*, c. 31

[42] PL 173, 1358 B

Hitze der Jugend empfangen werden, da jenes Lebensalter mehr den Versuchungen ausgesetzt ist.

Secundum sacramentum est confirmatio, id est unctio chrismatis in fronte. Hoc sacramentum victuris est necessarium, videlicet, ut Spiritus sancti corroboratione muniantur, si armentur contra omnes tentationes et nequitias vitae pugnaturi. Non autem usque in senectam differendum est, ut quidam putant, sed in ipsius adolescentiae fervore percipiendum, quia illa aetas magis obnoxia est tentationibus.

65. Rhabanus Maurus OSB (776-856), *De clericorum institutione*, lib. 1, c. 30[43]

Der Getaufte wird nämlich vom Priester mit dem Chrisam auf dem Scheitel des Hauptes, vom Bischof aber auf der Stirn bezeichnet. Durch die erste Salbung soll angedeutet werden, dass der Heilige Geist über ihn herabsteigt, um ihn zu einer Wohnung Gottes zu weihen. In der zweiten Salbung aber soll verkündet werden, dass die siebenförmige Gnade desselben Heiligen Geistes mit der ganzen Fülle der Heiligkeit, der Wissenschaft und der Tugendkraft in den Menschen kommt. Damals (bei der Taufe) nämlich stieg der Heilige Geist selbst, nachdem Leib und Seele gereinigt worden waren, freudig vom Vater herab, um sein Gefäß durch seinen Einzug zu heiligen und zu erleuchten, und nun (in der Firmung) kommt er in den Menschen, um zu bewirken, dass er das Zeichen des Glaubens, welches er auf der Stirn empfangen hat, mit den himmlischen Gaben erfüllt und durch seine Gnade gestärkt furchtlos und tapfer vor die Könige und Statthalter dieser Welt trage und den Namen Christi freimütig verkünde. ... Wie wir aber durch die Taufe in Christus sterben und wiedergeboren werden, so werden wir mit dem Heiligen Geist besiegelt, der Finger Gottes und geistliches Zeichen ist. Angemessenerweise nämlich wird die Gnade des Heiligen Geistes durch das heilige Chrisam und durch das Olivenöl mitgeteilt; denn es heißt im Psalm vom Heiland Christus, dass Gott der Vater ihn mit dem Öl der Freude vor allen, die an seiner Gnade Anteil erhielten, gesalbt hat; und ebenso heißt es von uns, dass er unser Angesicht mit dem Öle aufheitere. Das griechische Wort «Chrisma» heißt lateinisch «unctio», das bedeutet Salbung. Von diesem Wort hat «Christus» seinen Namen; und aus diesem wird der Mensch nach dem Bad der Taufe geheiligt. Denn wie in der Taufe die Nachlassung der Sünden gewährt wird zur Vergebung, so erhält man durch die Salbung die Heiligung des Heiligen Geistes zur Herrlichkeit; und dafür ist das Beispiel von der früheren Salbung genommen, durch wel-

---

[43] RHABANUS MAURUS OSB (776-856), *De clericorum institutione*, lib. 1, c. 30 (PL 107, 314-315)

che die Alten zum Priestertum oder zur Königsherrschaft gesalbt zu werden pflegten. Daher wurden auch Aaron und seine Söhne nach der Waschung von Moses gesalbt, damit sie Priester des Herrn würden. Und Salomon sowie die übrigen Könige wurden durch Propheten und Priester mit dem Ölhorn übergossen, damit sie die Leitung des Königreiches erhielten. Indem dies am Fleische geschieht, vollendet es geistigerweise, wie auch bei der Taufgnade selbst der sichtbare Akt darin besteht, dass wir im Wasser untergetaucht werden, die geistige Wirkung aber darin liegt, dass wir von den Vergehen gereinigt werden. Lasst uns also auch die Beschaffenheit des Öls betrachten, ob wir etwas an ihr feststellen können, das diesem Akt des Bezeichnens angemessen ist. Brennendes Öl nämlich erleuchtet, benetzendes heilt, und wird es Wasser beigemengt, so macht es dieses klar. Diese Eigenschaften vermögen gut die Gnade des Heiligen Geistes zu demonstrieren. Er selbst nämlich erleuchtet durch die Flamme der Liebe und den Glanz der Weisheit die Seelen. Er selbst heilt durch Vergebung der Sünden ihre Wunden mit der Arznei seiner Milde. Er selbst erleuchtet durch die Beifügung seiner Kraft die Wasser der Taufe wahrhaft zur Vertreibung der Sündenfinsternis. Dies bezeugt auch die heilige Schrift, sagt doch Paulus: *„Die Liebe Gottes ist ausgegossen in unsere Herzen durch den Heiligen Geist, der uns gegeben ist"* (Rom 5, 5). Und Johannes spricht: *„Wer seinen Bruder liebt, bleibt im Licht"* (1 Joh 2, 10). Und wiederum: *„Ihr habt die Salbung vom Heiligen Geist, und ihr wisst alles"* (vgl. 1 Joh 2, 20). Siehe, der Apostel Worte offenbaren, dass wir durch die Salbung des Heiligen Geistes das Licht der Liebe und der Weisheit haben.

Signatur enim baptizatus cum chrismate per sacerdotem in capitis summitate, per pontificem vero in fronte, ut priori unctione significetur Spiritus Sancti super ipsum descensio ad habitationem Deo consecrandam, in secunda quoque ut eiusdem Spiritus Sancti septiformis gratia cum omni plenitudine sanctitatis et scientiae et virtutis, venire in hominem declaretur. Tunc enim ipse Spiritus Sanctus post mundata et benedicta corpora atque animas, libens a Patre descendit, ut vas suum sua visitatione sanctificet et illustret, et nunc in hominem ad hoc venit, ut signaculum fidei quod in fronte suscepit, faciat eum donis coelestibus repletum, et sua gratia confortatum, intrepide et audacter coram regibus et potestatibus huius saeculi portare, ac nomen Christi libera voce praedicare. ... Sicut autem per baptismum in Christo morimur et renascimur, ita Spiritu sancto signamur, qui est digitus Dei et spiritale signaculum. Bene quippe convenit ut per sacrum chrisma et per pinguedinem olivae gratia Spiritus sancti tribuatur, quia in psalmo scriptum est de Christo Salvatore, quod unxerit eum Deus Pater *oleo laetitiae prae consortibus suis*, et item de nobis, quod exhilaret faciem nostram in oleo. Chrisma, Graece, Latine *unctio* nominatur, ex cuius nomine et Christus dicitur, et ex ipso homo post lavacrum sanctificatur. Nam sicut in baptismate peccatorum remissio datur ad veniam, ita per unctionem sanctificatio Spiritus adhibetur ad gloriam, et hoc de pristina unctione tractum est exemplum, qua ungi in sacerdotium et regnum solebant antiqui, unde et

Aaron et filii eius post lavacrum a Moyse uncti sunt, ut sacerdotes Domini fierent. Et Salomon et caeteri reges per prophetas et sacerdotes perfusi sunt cornu olei, ut regni gubernacula tenerent. Quod dum carnaliter fit, spiritaliter, proficit, quomodo et ipsa baptismi gratia visibilis actus est, quod in aqua mergimur, sed spiritalis effectus quod a delictis mundamur. Videamus ergo et ipsam olei naturam, si quid in ea huic significationi conveniens possit intelligi. Oleum namque ardens illuminat, et medicans sanat, et aquis infusum perspicuas eas reddit: quod bene gratiam Spiritus sancti potest demonstrare. Ipse enim flamma caritatis et splendore sapientiae, animas illuminat. Ipse medicamine clementiae suae per veniam peccatorum vulnera sanat. Ipse admistione virtutis suae aquas baptismi ad effugandas peccatorum tenebras veraciter illustrat. Testatur etiam hoc sacra Scriptura, ait enim Paulus: *„Caritas Dei diffusa est in cordibus nostris per Spiritum sanctum, qui datus est nobis"* (Rom 5, 5). Et Johannes: *„Qui diligit"*, inquit, *„fratrem suum, in lumine manet"* (1 Joh 2, 10). Et item: *„Vos"*, inquit, *„unctionem habetis a Spiritu sancto, et nostis omnia"* (cf. 1 Joh 2, 20). Ecce apostolorum sententiae manifestant per unctionem Spiritus sancti lumen caritatis et scientiae nos habere.

66. Innocentius III, Papa (25. 2. 1204), *Brief „Cum venisset" an Erzbischof Basilius von Tarnovo (Bulgarien)*[44]

Durch die Salbung der Stirn wird die Handauflegung bezeichnet, die mit anderem Namen Firmung genannt wird, weil durch sie der Heilige Geist zu Wachstum und Stärke verliehen wird. Während daher der einfache Priester bzw. Presbyter die übrigen Salbungen vorzunehmen vermag, darf diese nur der höchste Priester, das heißt, der Bischof, vollziehen, weil man allein von den Aposteln liest, deren Stellvertreter die Bischöfe sind, dass sie durch Handauflegung den Heiligen Geist verliehen [vgl. Apg 8, 14-25].

Per frontis chrismationem manus impositio designatur, quae alio nomine dicitur confirmatio, quia per eam Spiritus Sanctus ad augmentum datur et robur. Unde cum ceteras unctiones simplex sacerdos vel presbyter valeat exhibere, hanc non nisi summus sacerdos, id est episcopus, debet conferre, quia de solis Apostolis legitur, quorum vicarii sunt episcopi, quod per manus impositionem Spiritum Sanctum dabant [cf. Act 8, 14-25].

67. Innocentius III, Papa (18. 12. 1208), *Brief an den Erzbischof von Tarragona: Das den Waldensern vorgeschriebene Glaubensbekenntnis*[45]

Wir meinen, dass die vom Bischof vollzogene Firmung, das heißt die Auflegung der Hände, heilig ist und ehrfürchtig empfangen werden muss.

---

[44] DH 785; PL 215,285CD

[45] DH 794

Confirmationem ab episcopo factam, id est impositionem manuum, sanctam et venerande esse accipiendam censemus.

68. Innocentius IV, Papa, (6. 3. 1254), Brief „Sub catholicae professione" an den Bischof von Tusculum, den Legaten des Apostolischen Stuhles bei den Griechen, 4 (§ 5)

Allein die Bischöfe aber sollen die Getauften an der Stirn mit dem Chrisam bezeichnen, da die Salbung mit diesem nur von Bischöfen gespendet werden darf. Denn allein die Apostel, deren Stelle die Bischöfe einnehmen, haben, wie man liest, durch die Auflegung der Hand, die die Firmung bzw. die Salbung der Stirn darstellt, den Heiligen Geist verliehen [vgl. Apg 8, 14-25].

Soli autem episcopi consignent chrismate in frontibus baptizatos, quia huius unctio non debet nisi per episcopos exhiberi. Quoniam soli Apostoli, quorum vices gerunt episcopi, per manus impositionem, quam confirmatio vel frontis chrismatio repraesentat, Spiritum Sanctum tribuisse leguntur [cf. Act 8, 14-25].

69. Bonaventura OFM (1217/18-1274), Breviloquium, p. 6 c. 6[46]

Die Firmung betrifft den befestigten Glauben, wodurch sich die Starken von den Schwachen absondern wie die Kämpfer von jenen, die zum Kriege nicht geeignet sind.

Confirmatio respicit statum fidei roboratae, in quo distinguitur populus fortis ab infirmis, sicut pugiles ab his qui ad pugnandum non sunt idonei.

70. Bonaventura OFM (1217/18-1274), Breviloquium, p. 6 c. 8[47]

Zum Wesen der Firmung gehört die mündliche Formel, die für gewöhnlich lautet: „Ich bezeichne dich mit dem Zeichen des Kreuzes und stärke dich mit dem Chrisam des Heiles im Namen des Vaters, des Sohnes und des Hl. Geistes. Amen." - Auch Chrisam gehört dazu, welches aus Olivenöl und Balsam bereitet wird. Das Sakrament der Firmung wird dadurch empfangen, dass der Bischof mit diesem Öle die Stirne bezeichnet und dabei die oben genannten Worte spricht. So wird der Mensch zum kühnen Kämpfer und öffentlichen Bekenner des Namens Christi gestärkt.

---

[46] BONAVENTURA OFM (1217/18-1274), Breviloquium, p. 6 c. 6; ed. Quaracchi V, 271 a (deutsche Übersetzung: F. Imle, Breviloquium des hl. Bonaventura, Werl 1930, 213).

[47] Ed. Quaracchi, V, 272a-273b. (deutsche Übersetzung: F. Imle, Breviloquium des hl. Bonaventura, Werl 1930, 218-221).

Unser wiederherstellendes Prinzip, das fleischgewordene Wort, das von Ewigkeit her im Schoße des Vaters empfangen wurde und in der Zeit im sichtbaren Fleische den Menschen erschien, stellt keinen wieder her, der nicht Christus im Herzen gläubig aufnimmt und, gläubig geworden, ihn äußerlich bekennt. Ein solch wahrhaftes Bekenntnis kommt aus der vollen Wahrheit, die nicht so sehr eine spekulative, als vielmehr eine praktische ist. Sie besteht nämlich nicht nur in der Übereinstimmung von Begriff, Wort und Gegenstand, sondern darin, dass auch jeder ganze Mensch sich der Wahrheit anpasst in der Einsicht seines Verstandes, im Wohlgefallen seines Willens und in der Anhänglichkeit seiner Liebeskraft; diese aber soll hervorgehen „*aus ganzem Herzen, aus ganzer Seele und aus ganzem Gemüte*" und einem „*reinen Herzen, einem guten Gewissen und einem ungeheuchelten Glauben*" (Mk 12, 30-31; 1 Tim 1, 5) entstammen. Das ist also ein vollständiges, ein genehmes und ein furchtloses Bekenntnis, vollständig auf Grund seines Inhaltes, genehm mit Rücksicht auf den, vor dem es abgelegt wird. Dazu aber ist der kleinmütige Mensch nur dann imstande, wenn er von der Gnadenhand Gottes gefestigt wird. Und darum ist das Sakrament der Firmung vom Herrn unmittelbar nach der Taufe eingesetzt.

Da nun der Zweck das Mittel bestimmt, muss die Beschaffenheit dieses Sakramentes dem erwähnten Bekenntnisse und seinen drei Bedingungen entsprechen. Zunächst muss also das Bekenntnis vollständig sein. Das ist es aber nur dann, wenn jemand bekennt, dass Christus als wahrer Mensch für die Menschen gekreuzigt wurde, dass er als wahrer Sohn Gottes Fleisch geworden, dass er in der Trinität dem Vater und dem Hl. Geiste in allem wesensgleich ist. Darum wird in der mündlichen Formel nicht nur der Akt der Firmung ausgedrückt, sondern auch das Kreuzzeichen und der Name der hl. Dreifaltigkeit.

Ferner soll das Bekenntnis dem wohlgefällig sein, vor dem es abgelegt wird und dies geschieht vor Gott und den Menschen. Gott aber kann es nur gefallen, wenn das Licht der Erkenntnis und die Reinheit des Gewissens, dem Nächsten nur, wenn der Wohlgeruch des guten Rufes und des ehrbaren Lebens vorhanden ist. Um dieses im äußeren Zeichen zum Ausdruck zu bringen, wird das glänzende Olivenöl mit dem wohlriechenden Balsam vermischt. Dadurch soll angedeutet werden, dass jenes Bekenntnis, auf das dies Sakrament hin ordnet und wozu es vorbereitet, die Reinheit des Gewissens und der Erkenntnis verbinden muss mit dem süßen Duft des Lebens und der Sitten, damit kein Gegensatz zwischen Rede und Gewissen oder Wort und Ruf sei, der ein solches Bekenntnis den Menschen unannehmbar und dem Herrn missfällig machte.

Endlich muss dieses Bekenntnis furchtlos sein, damit weder Scham noch Angst daran hindere, die Wahrheit zu sagen, noch der Mensch sich scheue oder erröte, in der Zeit der Verfolgung den schmählichen Kreuzestod Christi öffentlich zu bekennen vor allem aus Furcht, einer ähnlichen Strafe und einem gleich schimpflichen Leiden zu verfallen. Diese Angst und Scham zeigen sich am meisten im Antlitz und zwar vor allem auf der Stirne. Darum wird die stärkende Hand zu ihrer vollständigen Vertreibung aufgelegt; und das Kreuz wird auf die Stirne gezeichnet, damit diese nicht erröte beim öffentlichen Bekenntnisse, noch sich des Namens Christi schäme, ja wenn nötig, der Gefirmte größte Strafe und Schmach ertrage als ein wahrer, zum Streite gesalbter Kämpfer und tapferer Soldat, der auf der Stirne das Zeichen seines Königs und die Triumphfahne seines Kreuzes trägt, die ihn befähigt, die Reihen der Feinde sicher zu durchbrechen. Der kann nämlich den Ruhm des Kreuzes nicht freimütig verkünden, der seine Schmach und Schande fürchtet; sagt doch der hl. Andreas: *„Wenn ich mich der Schmach des Kreuzes schäme, würde ich seine Herrlichkeit nicht verkünden"*[48].

De *Sacramento confirmationis* hoc tenendum est, quod ad ipsius integritatem requiritur forma vocalis, quae secundum morem magis communem haec est: *Signo te signo crucis, confirmo te chrismate salutis, in nomine Patris et Filii et Spiritus Sancti. Amen.-* Requiritur etiam chrisma, quod conficitur ex oleo olivarum et balsamo, de quo cum per manus episcopi signum crucis fronti imprimitur sub praedicta forma verborum confirmationis, suscipitur Sacramentum; per quod confirmatur homo ut pugil ad nomen Christi audacter et publice confitendum.

Ratio autem ad intelligentiam praedictorum haec est: quia reparativum principium nostrum, Verbum scilicet incarnatum, sicut aeternaliter conceptum est in corde patris et temporaliter in carne sensibiliter apparuit homini, sic neminem reparat, nisi ipsum et corde credendo concipiat et creditum exterius confitendo depromat confessione debita; huiusmodi est confessio veridica veritate plena, quae non tantum est veritas speculativa, verum etiam practica. Haec autem est, in qua non tantum est *„adaequatio intellectus, sermonis et rei"*, verum etiam, in qua totus homo veritati conformatur secundum intelligentiam rationis, secundum complacentiam voluntatis et secundum adhaerentiam virtutis, ut sit *„ex toto corde, tota anima et tota mente"* (Mc 12, 30), sit *„ex corde puro, conscientia bona et fide non ficta"* (1 Tim 1, 5) ; et talis est confessio *integra, placida* et *intrepida*; ut sit integra ratione eius, de quo est; placida ratione eius, coram quo fit; intrepida ratione eius, a quo fieri habet illa confessio. Quoniam ergo ad hoc homo pusillanimis non est idoneus, nisi per manum supernae gratiae confirmetur; ideo ad hoc Sacramentum confirmationis fuit divinitus institutum tanquam immediate sequens baptismum.

Quia vero *„finis imponit necessitatem his quae sunt ad finem"*[49], ideo integrari debet hoc Sacramentum secundum exigentiam confessionis praedictae et suarum con-

---

[48] *Passio S. Andreae*, in: L. Surius, *Historia seu vita Sanct.*, Augustae Trevirorum 1875-1880, XI, 745 § 4

[49] ARISTOTELES, *2 Physicorum*, tex. 88 ss., c. 9

ditionum, trium videlicet praedictarum. Primo ergo, quoniam confessio haec debet esse integra; et integritas confessionis non est, nisi quis confiteatur Christum verum hominem pro hominibus crucifixum, eundemque verum Dei Filium incarnatum, in Trinitate Patri et Spiritui sancto per omnia coaequalem: hinc est, quod in forma vocali non tantum fit expressio actus confirmandi, verum etiam ipsius signi crucis et nominis beatissimae Trinitatis.

Amplius, quoniam confessio debet esse *placida* ratione eius, coram quo fit, et fieri habet coram Deo et hominibus (cf. Mt 10, 32); et Deo non potest placere, nisi adsit lumen intelligentiae et nitor conscientiae, nec proximo, nisi adsit *odor bonae famae et vitae honestae*: ideo ad horum designationem in elemento exteriori commiscetur oleum olivarum, quod est nitidum, et balsamum, quod est odoriferum; ut per hoc significetur, quod confessio, ad quam hoc Sacramentum ordinat et disponit, coniunctum debet habere nitorem conscientiae et intelligentiae cum suavi odore tam vitae quam famae, ne contrarietas aliqua sit inter linguam et conscientiam, vel inter linguam et famam, propter quam talis confessio non acceptetur ab homine nec approbetur a Christo.

Postremo, quoniam talis confessio debet esse *intrepida*, ut nec pudore nec timore dimittat quis dicere veritatem, nec tempore persecutionis ignominiosam mortem Christi in cruce confiteri publice formidet quis vel erubescat, praecipue horrens incidere in consimilem poenam et ignominiam passionis; et huiusmodi timor et pudor potissime apparet in facie et maxime in fronte: ideo ad omnem verecundiam et formidinem propulsandam et *manus potestativa* imponitur, quae confirmet, et crux fronti imprimitur, ut non erubescat eam publice confiteri nec formidet pro confessione nominis Christi, si opus fuerit, quantamcumque poenam vel ignominiam sustinere, tanquam verus pugil unctus ad proelium et tanquam miles strenuus, ferens in fronte regis sui signum et crucis eius triumphale vexillum, cum quo paratus sit penetrare hostium cuneos securus. Non enim potest crucis gloria libere praedicari, si crucis poena et ignominia formidetur, iuxta quod sanctus dicebat Andreas: „*Ego, si crucis ignominiam expavescerem, crucis gloriam non praedicarem*"[50].

71. **Bonaventura OFM** (1217/18-1274), *In Sent. IV*, d 7 a 1 q 1 ad 2[51]

In diesem Sakrament wird die Gnade zur Festigung des Glaubens mitgeteilt, damit das Herz erstarke und der Mund freimütig bekenne. Denn es war sehr schwer und hart, Christus als den Gekreuzigten zu bekennen, einerseits der Schande wegen, wie es 1 Kor 1, 23 heißt: „*Wir verkündigen Christus als den Gekreuzigten: für Juden ein empörendes Ärgernis, für Heiden eine Torheit*"; andererseits aufgrund der Gefahr, denn die Widersacher bemühen sich, die Gläubigen zu töten: „*Dies alles werden sie euch um meines Namens willen antun*"

---

50   *Passio S. Andreae*, in: Surius, *Hist. Sanctorum*, XI, 745 § 4; Galland, Biblioth., tom. 1, p. 155, c. 4

51   Ed. Quaracchi IV, 164b

(Joh 15, 21). Daher kommt es, dass die Form (des Sakramentes) angemessenerweise in einem doppelten Akt besteht: der eine bezieht sich auf das freimütige Bekenntnis des Gekreuzigten, als ob man es gleichsam immer auf der Stirn trüge; der andere betrifft die Festigung des Herzens. Daraus wird deutlich, warum mehr das Kreuz in Erinnerung gerufen wird: Jenes zu bekennen ist nämlich am härtesten und bringt die größte Schande ein.

In hoc Sacramento datur gratia ad robur fidei quantum ad *confirmationem* in corde et quantum ad *confessionem* liberam in ore; et quia difficillimum et arduissimum erat Christum crucifixum confiteri, tum propter opprobrium, secundum quod dicitur 1 ad Cor 1: „*Praedicamus Christum crucifixum, Judaeis quidem scandalum, gentibus autem stultitiam*" (1 Cor 1, 23); tum propter periculum, quia adversarii tales nitebantur occidere, Johannis 15: „*Haec facient vobis propter nomen meum*" (Joh 15, 21): hinc est, quod decuit, duplicem actum in forma poni, unum: qui respicit liberam Crucifixi *confessionem*, quasi eam semper ferret in fronte, alterum, *cordis stabilitionem*. Ex hoc patet, quare magis fit mentio de cruce, quia illud est arduissimum et ignominosum confiteri.

72. Bonaventura OFM (1217/18-1274), *In Sent. IV*, d 7 a 2 q 1 ad 1[52]

Obwohl der Getaufte die heiligmachende Gnade besitzt, so hat er sie dennoch nicht für dieselbe Wirkung und im selben Stand wie nach der Firmung. Und deshalb wird dieses Sakrament zur Vervollkommnung und Stärkung jener Gnade empfangen, und dies geschieht durch die in diesem Sakrament mitgeteilte Gnade, die man vorher noch nicht besitzt.

Quamvis baptizatus habeat gratiam gratum facientem, non tamen habet ad illum effectum nec in illo statu, in quo habet post confirmationem; et ideo recipitur hoc Sacramentum ad perfectionem illus gratiae et confirmationem, et hoc per gratiam in hoc Sacramento collatam, quae nondum habetur.

73. Bonaventura OFM (1217/18-1274), *In Sent. IV*, d 7 a 2 q 1 concl.[53]

Die Firmung teilt die heiligmachende Gnade mit. Es ist aber zu beachten, dass heiligmachende Gnade in doppeltem Sinn verstanden wird: einmal als heiligmachend, indem sie einen, der nicht heilig ist, heilig macht – und dies ist die Tauf- und Bußgnade –; oder als heiligmachend, indem sie einen bereits Heiligen noch heiliger macht, und so ist es bei der Gnade der Firmung, welche die empfangene Gnade vermehrt und stärkt.

---

[52]   Ed. Quaracchi, IV, 169b

[53]   Ed. Quaracchi, IV, 169a-b

Confirmatio dat gratiam gratum facientem. Sed notandum, quod gratia gratum faciens dupliciter dicitur: aut gratum faciens de non grato, et talis est gratia baptismalis et poenitentialis; aut magis gratum faciens de iam grato, et talis est gratia confirmationis, quae gratiam acceptam ampliat et confirmat.

74. Bonaventura OFM (1217/18-1274), *In Sent. IV*, d 7 a 2 q 1 ad 4[54]

Obwohl einer Christus ohne die Gnade der Firmung bekennen kann, so vermag er dies dennoch nicht so leicht, nicht so nützlich und heilbringend wie mit der heiligmachenden Gnade, weil aus dieser heraus das Bekenntnis lobwürdig und gottgefällig ist.

Quamvis possit aliquis Christum confiteri sine gratia confirmationis, non tamen ita faciliter nec ita utiliter nec ita salubriter, sicut cum gratia gratum faciente, quoniam ex ipsa est confessio laudabilis et Deo accepta.

75. Bonaventura OFM (1217/18-1274), *In Sent. IV,* d 7 a 2 q 2, conclusio[55]

Zur Taufgnade kommt die Gnade der Firmung hinzu; sie hat eine andere Wirkung, nämlich die Tilgung der Kleinmütigkeit.

Gratiae baptismali superadditur gratia confirmationis, quae habet alium effectum, scilicet ablationem pusillanimitatis.

76. Bonaventura OFM (1217/18-1274), *In Sent. IV,* d 7 a 3 q 2, conclusio[56]

Es gibt eine absolute Notwendigkeit und es gibt eine bedingte Notwendigkeit. Im absoluten Sinn ist die Gnade der Firmung nicht notwendig, sondern unter einer bestimmten Voraussetzung. Sie ist nämlich für denjenigen notwendig, der kämpft und siegen will, wie das Essen jenem, der leben will. Daher sagt Papst Melchiades, *De consecratione, dist. 5*[57]: „Jene, die in dieser Welt das volle Alter erreicht haben, müssen unter unsichtbaren Feinden und Gefahren wandeln. Durch die Taufe werden wir zum Leben wiedererweckt, nach der Taufe zum Kampfe gestärkt"; denn alle Lebenden leben im Kampf, weil *„das Leben des Menschen auf Erden ein Kriegsdienst ist"* (vgl. Job 7, 1).

---

54   Ed. Quaracchi, IV, 169b

55   Ed. Quaracchi IV, 170b

56   Ed. Quaracchi, IV, 174

57   Vgl. ISIDORUS, *Decreta Melchiadis Papae* (PL 130, 241A)

Est necessitas simpliciter, et est necessitas conditionata. Simpliciter non est gratia confirmationis necessaria, sed necessaria ex conditione, scilicet pugnanti et vincere volenti, sicut comedere necessarium est vivere volenti. Unde Melchiades Papa dicit, et habetur de Consecratione distinctione quinta[58]: „In hoc mundo tota aetate victuris inter hostes invisibiles et pericula gradiendum est; et baptismo regeneramur ad vitam, post baptismum confirmamur ad pugnam"; quia omnes viventes in pugna vivunt, quia „*militia est vita hominis super terram*" (Job 7, 1).

77. Bonaventura OFM (1217/18-1274), *In Sent. IV*, d 7 a 3 q 2 ad 3[59]

Somit ist die Gnade der Firmung notwendig. Nicht weil es ohne sie schlechthin kein Heil gäbe, sondern weil man ohne sie, sei sie nun sakramental oder auf andere Weise empfangen, nicht im Kampf bestehen und das Heil erreichen kann.

Est igitur necessaria gratia confirmationis, non sine qua simpliciter non sit salus, sed sine qua, vel per Sacramentum, vel alias accepta, pugnando non pervenitur ad salutem.

78. Thomas de Aquino OP (1225-1274), *In symbolum Apostolorum expositio*, a 10[60]

Das zweite Sakrament ist die Firmung. Wie nämlich den leiblich Geborenen Kräfte notwendig sind zum Handeln, so ist den geistig Wiedergeborenen die Kraft des Heiligen Geistes notwendig. Daher haben auch die Apostel nach der Auffahrt Christi zur Stärkung ihrer Kraft den Heiligen Geist empfangen. Denn so heißt es in der Schrift: „*Ihr aber bleibt in der Stadt, bis ihr angetan seid mit der Kraft von oben*" (Lk 24, 49). Diese Kraft aber wird im Sakrament der Firmung erteilt. Darum sollen die, denen die Erziehung der Kinder obliegt, recht dafür besorgt sein, dass sie gefirmt werden, weil in der Firmung große Gnade mitgeteilt wird. Auch wird derjenige, der die Firmung empfangen hat, wenn er hinscheidet, eine größere Glorie erhalten, als der nicht Gefirmte, weil er schon hienieden mehr Gnade besaß.

Secundum sacramentum est confirmatio. Sicut enim in illis qui corporaliter nascuntur, necessariae sunt vires ad operandum; ita spiritualiter renatis necessarium est robur Spiritus Sancti. Unde et Apostoli ad hoc quod essent fortes, receperunt Spiritum sanctum post ascensionem Christi: „*Vos autem sedete in civitate, quousque* (Vulg.: quoadusque) *induamini virtute ex alto*" (Lc 24, 49).

---

[58] Cf. *Isidori Mercatoris Decretalium collectio*, v. Decreta Melchiadis Papae; (PL 130, 241A)

[59] Ed. Quaracchi, IV, 174b

[60] Opuscula theologica, vol. 2, ed. Marietti, 1954, p. 213-214

Hoc autem robur confertur in sacramento confirmationis: et ideo illi qui habent curam puerorum, debent multum esse soliciti quod confirmentur, quia in confirmatione confertur magna gratia. Et si decedet, maiorem habet gloriam confirmatus quam non confirmatus, quia hic habuit plus de gratia.

79. Thomas de Aquino OP (1225-1274), *In Sent* IV d 7 q 1 a 1 qla 1 ad 1

In Bezug auf die Einsetzung dieses Sakramentes gibt es drei Meinungen. Die eine behauptet, dass dieses Sakrament weder von Christus noch von den Aposteln eingesetzt worden sei, sondern später im Laufe der Zeit bei einem Konzil. Und ferner wird behauptet, dass unser Herr die Wirkung des Sakramentes ohne Sakrament vermittelte durch die Handauflegung; und ähnlich auch die Apostel, weil diese unmittelbar vom Heiligen Geist gefirmt worden seien. Und dies scheint völlig absurd; denn danach könnte die Kirche jeden Tag neue Sakramente einsetzen; das ist falsch, da sie nicht Gesetzgeber sind, sondern Diener, und die Grundlage jedes Gesetzes in den Sakramenten besteht; und außerdem heißt es in der heiligen Schrift von der Zeit der Apostel: Sie wurde von niemand anders als von den Aposteln vollzogen. Deshalb behaupten andere, dass dieses Sakrament nicht von Christus, sondern von den Aposteln eingesetzt worden sei. Doch auch dies trifft nicht zu; denn obwohl die Apostel Fundamentsteine der Kirche waren, so waren sie doch nicht Gesetzgeber; deshalb kam es Ihnen nicht zu, Sakramente einzusetzen. Deswegen scheint die Meinung derjenigen beweiskräftiger, die erklären, dass dieses Sakrament wie alle anderen von Christus eingesetzt worden ist; was auch daraus hervorgeht, dass der Herr selbst den Kindern die Hände aufgelegt hat – nach Matthäus 19, 13-15.

Ad primum ergo dicendum, quod circa institutionem huius sacramenti est triplex opinio. Una enim dicit, quod hoc sacramentum non fuit institutum nec a Christo nec ab apostolis, sed postea processu temporis in quodam concilio; et dicunt quod Dominus rem sacramenti huius sine sacramento conferebat manus imponendo, similiter et apostoli, eo quod ipsi confirmati fuerunt immediate a Spiritu Sancto. Et hoc videtur valde absurdum: quia secundum hoc ecclesia tota die posset nova sacramenta instituere, quod falsum est, cum ipsi non sint latores legis, sed ministri, et fundamentum cuiuslibet legis in sacramentis consistit; et praeterea in littera dicitur de tempore apostolorum: non ab aliis quam ab apostolis fuit peractum. Ideo alii dicunt, quod non fuit a Christo sed ab apostolis institutum hoc sacramentum. Sed hoc etiam non competit: quia ipsi apostoli quamvis erant bases ecclesiae, tamen non fuerunt legislatores; unde ad eos non pertinebat sacramenta instituere. Et ideo probabilior videtur aliorum opinio, qui dicunt, hoc sacramentum, sicut et omnia alia, a Christo fuisse institutum: quod patet ex hoc quod ipse etiam Dominus manus pueris imponebat, ut patet Mt. 19[, 13-15].

80. Thomas de Aquino OP (1225-1274), *In Sent* IV, d 7 q 1 a 2 ad 2

Einige behaupten, das Chrisma selbst sei schon das Sakrament. Aber dies erweist sich darin als falsch, dass das Chrisma in vielen Bereichen und nicht nur im Sakrament der Firmung gebraucht wird. So es ist offensichtlich der Fall beim Getauften, der mit dem Chrisma auf der Stirn gesalbt wird, und beim Bischof, dessen Haupt mit dem Chrisma berührt wird. Deshalb gilt, dass das Sakrament der Firmung nicht das Chrisma selbst ist, sondern die Salbung mit dem Chrisma mit dem vorgeschriebenen Wortlaut. Das Segenswort über das Chrisma jedoch ist nicht die Form des Sakramentes, sondern ist eher eine sakramentale Segnung, wie die Segnung des Weihwassers oder des Altares.

Ferner gilt nach *Augustinus*: Kommt das Wort zum Element dazu, dann kommt das Sakrament zustande. Wenn es also nötig wäre, dass die Materie schon vorher durch einige Worte geheiligt werden müsste, dann wäre auch das Chrisma für sich selbst schon ein Sakrament, und nicht Materie des Sakramentes.

Ad secundum dicendum, quod quidam dicunt ipsum chrisma esse sacramentum. Sed hoc falsum apparet in hoc quod usus chrismatis in pluribus est quam sacramentum confirmationis; sicut patet in baptizato, qui chrismate in fronte linitur, et de pontifice, cujus caput chrismate tangitur. Et ideo dicendum, quod sacramentum confirmationis non est ipsum chrisma, sed linitio chrismatis sub forma praescripta verborum. Illa autem benedictio vocalis chrismatis non est forma sacramenti, sed magis est quaedam benedictio sacramentalis, sicut benedictio aquae vel altaris.

Praeterea, secundum *Augustinum*[61], "accedit verbum ad elementum, et fit sacramentum". Si ergo oporteret quod materia aliquibus verbis prius sanctificaretur, tunc etiam ipsum chrisma per se est quoddam sacramentum, et non sacramenti materia.

81. Thomas de Aquino OP (1225-1274), *In Sent* IV d 7 q 2 a 1 qla 1 ad 1

Das Prägemal ist ein Unterscheidungszeichen, durch das jemand im Unterschied zu anderen auf etwas Geistliches hingeordnet ist. Aber auf Geistliches kann man auf dreifache Weise hin bestimmt sein. Einmal, wenn jemand in sich an Geistlichem Anteil hat; und dazu wird man in der Taufe bestimmt, denn schon der Getaufte kann Anteil haben an allem geistlich Empfangenen. Deshalb ist der Taufcharakter, wie oben gesagt, eine Art passive geistliche Potenz. Auf andere Weise, wenn jemand Geistliches bekannt macht durch sein mutiges Bekenntnis. Und dazu wird man in der

---

[61] AUGUSTINUS, *In Joh. Ev. tract.* 80, 3 (CChrL 36, 529; PL 35, 1840)

Firmung bestimmt. Deshalb wurden auch in der Verfolgungszeit einige auserwählt, die dort, wo die Verfolgung stattfand, bleiben sollten, um den Namen Christi öffentlich zu bekennen, während andere im Verborgenen glaubten, wie aus der Legende des heiligen Sebastian hervorgeht. [...]

Der geistliche Kampf, mit dem man gegen diejenigen kämpft, welche das eigene Heil verhindern wollen, ist für alle angezeigt; aber das Sakrament der Firmung ist nicht dazu gegeben, sondern dass man tapfer im Kampfe standhält, wenn jemand den Namen Christi bekämpft, und als unbesiegter Bekenner Christi fest bleibt. Und diesem Kampf sind nicht alle ausgesetzt, sondern nur die Gefirmten.

Respondeo dicendum ad primam quaestionem, quod character est distinctivum signum, quo quis ab aliis distinguitur ad aliquid spirituale deputatus. Sed ad spirituale potest aliquis tripliciter deputari. Uno modo ut aliquis in se spiritualia participet; et ad hoc quis deputatur in baptismo, quia iam baptizatus potest esse particeps omnis spiritualis receptionis; unde character baptismalis, ut supra dictum est, est quasi quaedam spiritualis potentia passiva. Alio modo ut spiritualia quis in notitiam ducat per eorum fortem confessionem; et ad hoc quis deputatur in confirmatione; unde etiam tempore persecutionis eligebantur aliqui qui deberent in loco persecutionis remanere ad publice nomen Christi confitendum, aliis occulte credentibus, sicut patet in legenda beati Sebastiani. [...]

Ad primum ergo dicendum, quod pugna spiritualis, qua quis pugnat contra impedientes salutem sui ipsius, omnibus indicitur; sed ad hoc non datur sacramentum confirmationis, sed ad persistendum fortiter in pugna, qua quis nomen Christi impugnat, et ut invictus confessor Christi permaneat; et huic pugnae non omnes exponuntur, sed solum confirmati.

82. **Thomas de Aquino OP** (1225-1274), *Op. de articulis fidei et ecclesiae sacramentis* (ca. 1265)[62]

Das zweite Sakrament ist die Firmung. Seine Materie ist das Chrisma aus vom Bischof geweihtem Öl, das den Glanz des guten Gewissens versinnbildet, und aus Balsam, der den Duft des guten Rufes bedeutet. Seine Spendeform lautet: *„Ich bezeichne dich mit dem Zeichen des Kreuzes und firme dich mit dem Chrisam des Heiles, im Namen des Vaters, des Sohnes und des Heiligen Geistes, Amen"*.

Spender dieses Sakramentes ist allein der Bischof. Denn einem Priester ist es nicht erlaubt, die Firmlinge auf der Stirn mit Chrisam zu salben. Die Wirkung dieses Sakramentes besteht darin, dass in ihm der Heilige Geist zur Stärkung gegeben wird, wie er den Aposteln zu Pfingsten gegeben worden ist, damit der Christ mutig den Namen Christi bekennt. Deshalb wird

---

62 THOMAS, *Opuscula theologica*, vol. I, ed. Marietti, Taurini-Romae 1954, n. 618-619

der Firmling auf der Stirn gesalbt, wo der Sitz der Scham ist, damit er sich nicht schämt, sich zum Namen Christi zu bekennen und vor allem zu seinem Kreuz, das für due Juden Anstoß und für die Heiden Torheit bedeutet; deshalb wird er auch mit dem Zeichen des Kreuzes bezeichnet.

In Bezug auf dieses Sakrament besteht ein Irrtum bei einigen Griechen, die behaupten, dass ein einfacher Priester dieses Sakrament spenden könne. Dagegen heißt es Apg 8, 14-17, dass die Apostel Petrus und Johannes als Apostel sandten, damit sie denen die Hände auflegten, die vom Diakon Philippus getauft worden waren, und sie empfingen den Heiligen Geist. Die Bischöfe jedoch stehen in der Kirche an Stelle der Apostel und die Firmung wird in der Kirche an Stelle jener Handauflegung gespendet.

Secundum sacramentum est Confirmationis, cuius materia est chrisma confectum ex oleo, quod significat nitorem conscientiae, et balsamo, quod significat odorem bonae famae, per Episcopum benedicto. Forma autem huius sacramenti est talis: *Consigno te signo crucis, et confirmo te chrismate salutis, in nomine Patris et Spiritus sancti, Amen.* Minister autem huius sacramenti est solum Episcopus. Non enim licet Sacerdoti confirmandos Chrismate in fronte inungere. Effectus autem huius sacramenti est quod in eo datur Spiritus sanctus ad robur, sicut datus est Apostolis in die Pentecostes, ut scilicet Christianus audacter confiteatur nomen Christi. Et ideo confirmandus in fronte ungitur, in qua est sedes verecundiae, ut scilicet nomen Christi confiteri non erubescat, et praecipue crucem eius, quae est Iudaeis scandalum, gentibus autern stultitia: et propter hoc etiam signo crucis signantur.

Circa hoc sacramentum est error quorundam Graecorum dicentium, quod Sacerdos simplex hoc sacramentum potest conferre: contra quod dicitur Act 8 [v. 14-17], quod apostoli miserunt Petrum et Johannem apostolos, qui imponebant manus super eos qui baptizati erant a Philippo diacono, et accipiebant Spiritum Sanctum. Episcopi autem sunt in Ecclesia loco Apostolorum, et loco illius manus impositionis datur in Ecclesia confirmatio.

83. Thomas de Aquino OP (1225-1274), *S. th.* III, q 72 a 1

Die Sakramente des Neuen Bundes sind auf besondere Gnadenwirkungen hin geordnet. Wo deshalb eine besondere Gnadenwirkung auftritt, wird auch ein besonderes Sakrament angeordnet. Weil nun aber die sinnenfälligen und körperlichen Dinge Ähnlichkeit mit den geistigen und übersinnlichen Dingen haben, können wir aus dem, was im körperlichen Leben geschieht, entnehmen, was im geistigen Leben Besonderes besteht. Offenbar ist es aber im körperlichen Leben eine besondere Vollkommenheit, dass der Mensch zum Vollalter gelangt und vollkommene menschliche Handlungen setzen kann; 1 Kor 13, 11: „*Als ich aber ein Mann geworden, habe ich abgetan, was des Kindes war*". Deshalb gibt es außer der Zeugung, durch die man das körperliche Leben empfängt, auch ein Wachstum, wodurch man zum

Vollalter gelangt. Und so empfängt der Mensch auch das geistige Leben durch die Taufe, die eine geistige Wiedergeburt ist. In der Firmung aber empfängt der Mensch gleichsam das Vollalter des geistigen Lebens. Darum sagt Papst Melchiades[63]: *„Der Heilige Geist, der in heilbringendem Kommen auf die Wasser der Taufe herabsteigt, gibt im Taufbrunnen die Fülle zur Unschuld, in der Firmung verleiht er das Wachstum zur Gnade; in der Taufe werden wir zum Leben wiedergeboren, nach der Taufe werden wir gefestigt"*[64]. Und daher ist die Firmung offensichtlich ein eigenes Sakrament.

Sacramenta novae legis ordinantur ad speciales gratiae effectus: et ideo, ubi occurit aliquis specialis effectus gratiae, ibi ordinatur speciale sacramentum. Quia vero sensibilia et corporalia gerunt spiritualium et intelligibilium similitudinem, ex his quae in vita corporali aguntur, percipere possumus quid in spirituali vita speciale existat. Manifestum est autem quod in vita corporali specialis quaedam perfectio est, quod homo ad perfectam aetatem perveniat, et perfectas actiones hominis agere possit: unde et Apostolus dicit, (1 Cor 13 [, 11]): *„Cum autem factus sum vir, evacuavi quae erant parvuli"* (Vulg.: *Quando autem* etc.). Et inde etiam est quod, praeter motum generationis, quo aliquis accipit vitam corporalem, est motus augmenti, quo aliquis perducitur ad perfectam aetatem. Sic igitur et vitam spiritualem homo accipit per baptismum, qui est spiritualis regeneratio. In confirmatione autem homo accipit quasi quandam aetatem perfectam spiritualis vitae. Unde Melchiades Papa dicit: *„Spiritus Sanctus, qui super aquas baptismi salutifero descendit lapsu, in fonte plenitudinem tribuit ad innocentiam, in confirmatione augmentum praestat ad gratiam. In baptismo regeneramur ad vitam, post baptismum roboramur"*[65]. Et ideo manifestum est, quod confirmatio est speciale sacramentum.

84. Thomas de Aquino OP (1225-1274), *S.th.* III, q 72 a 1 ad 1

Zur Einsetzung dieses Sakramentes gibt es drei Meinungen: Einige behaupteten, dass dieses Sakrament weder von Christus noch von den Aposteln eingesetzt worden sei, sondern erst später im Laufe der Zeit von irgendeinem Konzil. Andere sagten, die Apostel hätten es eingesetzt. – Doch das ist unmöglich, denn die Einsetzung eines neuen Sakramentes gehört zur höchsten Vollmacht, die allein Christus zukommt. Somit gilt, dass Christus dieses Sakrament eingesetzt hat, nicht durch Übergabe, sondern verheißend, nach Joh 16, 7: *„Wenn ich nicht fortgehe, wird der Paraklet nicht zu euch kommen; wenn ich aber fortgehe, werde ich ihn zu euch senden"*. Und zwar deshalb, weil in diesem Sakrament die Fülle des Geistes geschenkt wird, die

---

[63]   (Ps.-)MELCHIADES PAPA, PL 7, 119

[64]   Vgl. Anm. 16

[65]   MELCHIADES PAPA, *Ep. ad Episcopos Hispan.*, c. 2 (ed. Mansi, II, 430; PL 187, 1885)

nicht vor der Auferstehung und Himmelfahrt Christi verliehen werden sollte, nach Joh 7, 39: *„Der Heilige Geist war noch nicht gegeben, denn Christus war
noch nicht verherrlicht."*

Circa institutionem huius sacramenti est triplex opinio. Quidam enim dixerunt
quod hoc sacramentum non fuit institutum a Christo nec ab apostolis, sed postea
processu temporis in quodam concilio. Alii vero dixerunt quod fuit institutum ab
apostolis. – Sed hoc non potest esse: quia instituere novum sacramentum pertinet
ad potestatem excellentiae, quae competit soli Christo. Et ideo dicendum quod
Christus instituit hoc sacramentum, non exhibendo, sed promittendo, secundum illud Joh 16, 7: *„Nisi ego abiero, Paraclitus non veniet ad vos; si autem abiero, mittam eum ad
vos"*. Et hoc ideo quia in hoc sacramento datur plenitudo Spiritus sancti, quae non
erat danda ante Christi resurrectionem et ascensionem, secundum illud Joh 7, 39:
„Nondum enim erat Spiritus datus, quia Jesus nondum erat glorificatus"

85. **Thomas de Aquino OP** (1225-1274), *S th.* III, q 72 a 1 ad 3

Alle Sakramente sind irgendwie zum Heile notwendig. Einige aber so,
dass es ohne sie kein Heil gibt; andere so, dass sie zur Vollendung des Heiles wirken. In diesem Sinne ist die Firmung heilsnotwendig; obwohl das
Heil ohne sie erlangt werden kann, wenn nur die Unterlassung nicht aus
Verachtung des Sakramentes geschieht.

Ad tertium dicendum quod, sicut supra dictum est, omnia sacramenta sunt
aliqualiter necessaria ad salutem: sed quaedam sine quibus non est salus, quaedam
vero sicut quae operantur ad perfectionem salutis. Et hoc modo confirmatio est de
necessitate salutis; quamvis sine ea possit esse salus, dummodo non praetermittatur
ex contemptu sacramenti.

86. **Thomas de Aquino OP** (1225-1274), *S. th.* III, q 72 a 5 c

Das sakramentale Prägemal ist eine geistige Gewalt, die auf bestimmte
heilige Handlungen hingeordnet ist. Wie nun die Taufe eine Art geistiger
Wiedergeburt zum christlichen Leben ist, so ist die Firmung ein geistiges
Wachstum, das den Menschen zum geistigen Vollalter emporführt. Es ist
aber aus der Ähnlichkeit mit dem leiblichen Leben klar, dass das Verhalten
eines Neugeborenen ein anderes ist als dasjenige, das einem Volljährigen
entspricht. Und somit wird dem Menschen durch die Firmung eine geistige
Gewalt gegeben zu anderen heiligen Handlungen, über diejenigen hinaus,
zu denen ihm schon in der Taufe die Gewalt gegeben worden ist. Denn in
der Taufe empfängt der Mensch die Gewalt, das zu wirken was zum eigenen Heil gehört, wie er für sich lebt. In der Firmung jedoch empfängt der
Mensch die Gewalt, das zu tun, was zum geistigen Kampf gegen die Feinde
des Glaubens gehört. Das sieht man am Beispiel der Apostel: bevor Sie die
Fülle des Heiligen Geistes empfingen, *„verweilten sie betend im Abendmahlsaal"*

(Apg 1, 13 f.); nachher aber gingen sie hinaus und scheuten sich nicht, den Glauben öffentlich zu bekennen, auch vor den Feinden des christlichen Glaubens. Und so ist es offensichtlich, dass im Sakrament der Firmung ein Merkmal eingeprägt wird.

Character est quaedam spiritualis potestas ad aliquas sacras actiones ordinata. Dictum est autem supra quod, sicut baptismus est quaedam spiritualis generatio in vitam Christianam, ita etiam confirmatio est quoddam spirituale augmentum promovens hominem in spiritualem aetatem perfectam. Manifestum est autem ex similitudine corporalis vitae quod alia est actio hominis statim nati, et alia actio competit ei cum ad perfectam aetatem pervenerit. Et ideo per sacramentum confirmationis datur homini potestas spiritualis ad quasdam actiones alias sacras, praeter illas ad quas datur ei potestas in Baptismo. Nam in Baptismo accipit potestatem ad ea agenda quae ad propriam pertinent salutem, prout secundum seipsum vivit, sed in confirmatione accipit potestatem ad agendum ea quae pertinent ad pugnam spiritualem contra hostes fidei. Sicut patet exemplo apostolorum, qui, antequam plenitudinem Spiritus Sancti acciperent, *erant in cenaculo perseverantes in oratione* (Act 1, 13); postmodum autem egressi non verebantur fidem publice fateri, etiam coram inimicis fidei Christianae. Et ideo manifestum est quod in sacramento confirmationis imprimitur character.

87. Thomas de Aquino OP (1225-1274), *S. th.* III, q 72 a 5 ad 1, ad 2

Der geistige Kampf gegen die unsichtbaren Feinde ist Aufgabe aller. Aber gegen die sichtbaren Feinde, gegen die Verfolger des Glaubens zu kämpfen durch öffentliches Bekenntnis des Namens Christi, ist Sache der Gefirmten, die schon geistig zum Mannesalter herangewachsen sind, nach 1 Joh 2, 14: *„Euch schreibe ich, ihr jungen Männer, weil ihr stark seid, und das Wort Gottes in euch bleibt, und ihr den Bösen besiegt habt"*. Daher ist das Firmungsmal ein Unterscheidungszeichen nicht der Gläubigen von den Ungläubigen, sondern der geistig Mündigen von denen, zu welchen 1 Petr 2, 2 gesagt ist: *„Ihr seid wie neugeborene Kinder"*.

Alle Sakramente sind eine Art Bezeugung des Glaubens. Wie also der Getaufte die geistige Gewalt erhält, den Glauben zu bezeugen durch den Empfang der anderen Sakramente, so empfängt der Gefirmte die Gewalt, den Glauben an Christus öffentlich, gleichsam von Amts wegen mit Worten zu bekennen.

Ad primum ergo dicendum quod pugna spiritualis contra hostes invisibiles omnibus competit. Sed contra hostes visibiles, idest contra persecutores fidei pugnare, nomen Christi confitendo, est confirmatorum, qui iam sunt perducti spiritualiter ad virilem aetatem, secundum quod dicitur 1 Joh 2, 14: *Scribo vobis, iuvenes, quoniam fortes estis, et verbum Dei in vobis manet, et vicistis malignum.* Et ideo character confirmationis est signum distinctivum, non infidelium a fidelibus, sed spiritualiter provectorum ab his quibus dicitur 1 Petr 2, 2 *Sicut modo geniti infantes.*

Ad secundum dicendum quod omnia sacramenta sunt quaedam fidei protestationes. Sicut igitur baptizatus accipit potestatem spiritualem ad protestandum fidem per susceptionem aliorum sacramentorum; ita confirmatus accipit potestatem publice fidem Christi verbis profitendi, quasi ex officio.

88. Thomas de Aquino OP (1225-1274), *S. th.* III, q 72 a 7 ad 2

Wie schon aus dem Namen [Firmung] hervorgeht, wird dieses Sakrament gegeben zur „Befestigung" dessen, was es vorfindet. Daher darf es denen, welche keine Gnade haben, nicht gespendet werden. Wie es also keinem Nichtgetauften gespendet wird, so darf es auch erwachsenen Sündern nur dann erteilt werden, wenn sie durch die Buße bekehrt sind. Daher heißt es im Konzil von Orléans: *„Sie sollen nüchtern zur Firmung kommen, sie sollen gemahnt werden, erst zu beichten, damit sie gereinigt die Gabe des Heiligen Geistes empfangen können".* Und dann wird durch dieses Sakrament die Wirkung der Buße vollendet wie auch die der Taufe; denn durch die Gnade, die in diesem Sakrament gespendet wird, empfängt der Büßende eine vollere Vergebung der Sünde. – Und wenn ein Erwachsener hinzutritt, der sich, ohne sich dessen bewusst zu sein, im Stande der Sünde befindet oder nicht die vollkommene Reue hat, so wird er durch die in diesem Sakrament gespendete Gnade die Vergebung der Sünden erlangen.

Sicut ex ipso nomine apparet, hoc sacramentum datur „ad confirmandum" quod prius invenerit. Et ideo non debet dari his qui non habent gratiam. Et propter hoc, sicut non datur non-baptizatis, ita non debet dari adultis peccatoribus, nisi per poenitentiam reparatis. Unde dicitur in Aurelianensi Concilio: *„Ut ieiuni ad confirmationem veniant, ut moneantur confessionem facere prius, ut mundi donum Spiritus Sancti valeant accipere"*[66]. Et tunc per hoc sacramentum perficitur poenitentiae effectus, sicut et baptismi; quia per gratiam collatam in hoc sacramento consequetur poenitens pleniorem remissionem peccati. - Et si aliquis adultus in peccato existens cuius conscientiam non habet, vel si etiam non perfecte contritus accedat, per gratiam collatam in hoc sacramento consequetur remissionem peccatorum.

89. Thomas de Aquino OP (1225-1274), *S. th.* III, q 72 a 8 c, ad 2, ad 3

Durch dieses Sakrament wird der Mensch geistig zum Vollalter empor geführt. [...] Die Seele aber zu der beides gehört: die geistige Geburt und das geistige Vollalter, ist unsterblich und kann wie im Greisenalter die geistige Geburt, so zur Jugendzeit oder in der Kindheit das Vollalter empfan-

---

[66] CONCILIUM AURELIANENSE, Mansi 8, 364 D

gen, weil solche körperlichen Altersstufen für die Seele nicht maßgebend sind. Daher muss dieses Sakrament allen gespendet werden. [...]

Das leibliche Alter ist nicht maßgebend für die Seele; darum kann der Mensch auch im Kindesalter das geistige Vollalter erlangen; Weish 4, 8: *Ehrwürdiges Alter ist nicht die lange Lebenszeit, noch ist es nach der Zahl der Jahre gemessen.* Daher kommt es, dass viele im Kindesalter wegen der empfangenen Kraft des Heiligen Geistes tapfer bis aufs Blut für Christus gekämpft haben.

„In den weltlichen Wettkämpfen wird", wie *Chrysostomus* sagt[67], „nach dem Vorrang des Alters, der Gestalt und des Geschlechtes gefragt, und deshalb wird den Sklaven und Frauen, den Greisen und Kindern der Zutritt zu ihnen verweigert. In den himmlischen dagegen steht jeder Person, jedem Alter und Geschlecht in uneingeschränkter Möglichkeit die Kampfbahn offen". Derselbe sagt[68]: „Vor Gott kämpft auch das weibliche Geschlecht. Denn viele Frauen haben mit männlichem Mut den geistigen Kriegsdienst geleistet; manche von ihnen kamen an Kraft des inneren Menschen den Männern im Kampf um die Martyrerkrone gleich, andere zeigten sich noch starkmütiger als die Männer. Darum muss dieses Sakrament auch den Frauen gespendet werden.

Sicut dictum est, per hoc sacramentum promovetur homo spiritualiter in aetatem perfectam. [...] Anima autem, ad quam pertinet spiritualis nativitas et spiritualis aetatis perfectio, immortalis est, et potest, sicut tempore senectutis spiritualem nativitatem consequi, ita tempore iuventutis et pueritiae consequi perfectam aetatem; quia huiusmodi corporales aetates animae non praeiudicant. Et ideo hoc sacramentum debet omnibus exhiberi. [...]

Ad secundum dicendum quod, sicut dictum est, corporalis aetas non praeiudicat animae. Unde etiam in puerili aetate homo potest consequi perfectionem spiritualis aetatis, de qua dicitur Sap 4 [, 8] *Senectus venerabilis est non diuturna, neque numero annorum computata.* Et inde est quod multi in puerili aetate, propter robur Spiritus Sancti perceptum, usque ad sanguinem fortiter certaverunt pro Christo.

Ad tertium dicendum quod, sicut *Chrysostomus* dicit in homilia de Machabaeis, in mundanis agonibus aetatis et formae generisque dignitas requiritur, et ideo servis ac mulieribus, senibus ac pueris, ad eos aditus denegatur. In caelestibus autem omni personae et aetati et sexui indiscreta facultate stadium patet. Et in homilia de militia spirituali dicit, apud Deum femineus etiam militat sexus, multae namque feminae animo virili spiritualem militiam gesserunt. Quaedam enim interioris hominis virtute viros aequaverunt in agonibus martyrum, quaedam etiam fortiores viris exstiterunt. Et ideo mulieribus hoc sacramentum conferendum est.

---

[67] JOHANNES CHRYSOSTOMUS, *Hom. 1, de Maccabaeis* (PG 50, 619)

[68] JOHANNES CHRYSOSTOMUS, *Hom 5, de militia spirituali*

90. Thomas de Aquino OP (1225-1274), *S. th.* III, q 72 a 9 c[69]

In diesem Sakrament empfängt der Mensch den Heiligen Geist zum Starksein im geistigen Kampf, um auch unter Gegnern des Glaubens tapfer den Glauben an Christus zu bekennen[70]. Darum wird er auch sinnvoll mit Chrisam in Kreuzesform an der Stirn gesalbt, und zwar aus zwei Gründen: Erstens empfängt er das Kreuzzeichen wie ein Soldat das Zeichen seines Führers, welches offen sichtbar sein muss. Von allen Stellen des menschlichen Körpers ist aber die Stirn am meisten sichtbar, die fast nie bedeckt wird. Darum wird der Firmling mit Chrisam an der Stirn gesalbt, damit er sich in aller Öffentlichkeit als Christ zeige – nach dem Beispiel der Apostel, die, zuerst verborgen im Abendmahlsaal, nach dem Empfang des Heiligen Geistes öffentlich auftraten (Apg 1, 13; 2, 4).

Zweitens: Der Mensch wird von dem freimütigen Bekenntnis des Namens Christi aus zwei Gründen abgehalten: Aus Furcht und aus Scham. Beide aber verraten sich am meisten an der Stirn, weil sie dem Sitz der Einbildungskraft am nächsten ist und weil die Lebensgeister unmittelbar vom Herzen zur Stirn emporsteigen. Daher *„erröten die Menschen aus Scham, aus Furcht erbleichen sie"* (*Aristoteles*). Deshalb wird der Mensch an der Stirn mit Chrisam bezeichnet, damit er sich weder durch Furcht noch durch Scham davon abhalten lässt, den Namen Christi zu bekennen.

In hoc sacramento homo accipit Spiritum Sanctum ad robur spiritualis pugnae, ut fortiter etiam inter adversarios fidei fidem Christi confiteatur. Unde convenienter signatur chrismate signo crucis in fronte, propter duo. *Primo* quidem, quia insignitur signo crucis sicut miles signo ducis, quod quidem debet esse evidens et manifestum. Inter omnia autem loca corporis humani maxime manifestus est frons, qui quasi numquam obtegitur. Et ideo linitur confirmatus chrismate in fronte, ut in manifesto demonstraret se esse Christianum; sicut et Apostoli post receptum Spiritum Sanctum se manifestaverunt, qui prius in coenaculo latebant (cf. Act 1, 13)...

Secundo, quia aliquis impeditur a libera confessione nominis Christi propter duo, scilicet propter timorem, et propter verecundiam. Utriusque autem horum signum maxime manifestatur in fronte, propter propinquitatem imaginationis, et propter hoc quod spiritus a corde directe ad frontem ascendunt: unde *„verecundati erubescunt, timentes autem pallescunt"*, ut dicitur [ab *Aristotele*[71]]. Et ideo in fronte signatur chrismate, ut neque propter timorem neque propter erubescentiam nomen Christi confiteri praetermittat.

---

[69] Vgl. die deutsche Thomasausgabe, Bd. 29, Salzburg 1935, S. 364-365

[70] Vgl. a 1 und 4

[71] ARISTOTELES, *in 4. Eth.* c. 15

91. Thomas de Aquino OP (1225-1274), *S. th.* III, q 72 a 11[72]

Bei jedem Werk wird die letzte Vollendung der höchsten Kunst oder Kraft vorbehalten. So ist die Vorbereitung des Materials Sache der untergeordneten Arbeiter, die Formgebung besorgt ein Höherer, dem Höchsten aber steht die Anwendung zu, die der Zweck dessen ist was die Kunst bewerkstelligt. So wird auch ein Brief, der vom Schreiber verfasst wird, vom Herrn unterzeichnet. Die Gläubigen Christi sind aber gewissermaßen ein göttliches Werk, nach 1 Kor 3, 9: *Ihr seid Gottes Bauwerk*; auch sind sie gleichsam ein *vom Geiste Gottes geschriebener Brief* (nach 2 Kor 3, 2 f.). Nun ist aber dieses Sakrament der Firmung gleichsam die letzte Vollendung des Taufsakramentes, derart, dass der Mensch durch die Taufe zu einem geistigen Haus auferbaut wird und wie ein geistiger Brief geschrieben wird; durch das Sakrament der Firmung aber wird er wie ein fertig gebautes Haus zum Tempel des Heiligen Geistes geweiht und wie ein zu Ende geschriebener Brief mit dem Zeichen des Kreuzes gesiegelt. Darum ist die Spendung dieses Sakramentes den Bischöfen vorbehalten, die die oberste Gewalt in der Kirche inne haben, wie auch in der Urkirche die Fülle des Heiligen Geistes nach Apg 8, 14 ff. durch die Handauflegung der Apostel verliehen wurde, deren Stellvertreter die Bischöfe sind.

In quolibet opere ultima consummatio supremae arti aut virtuti reservatur, sicut praeparatio materiae pertinet ad inferiores artifices, superior autem dat formam, supremus autem est ad quem pertinet usus, qui est finis artificiatorum; et epistola quae a notario scribitur, a domino signatur. Fideles autem Christi sunt quoddam divinum opus, secundum illud 1 Cor. 3, *Dei aedificatio estis*, sunt etiam quasi quaedam epistola spiritu Dei scripta, sicut dicitur 3 Cor. 3. Hoc autem confirmationis sacramentum est quasi ultima consummatio sacramenti Baptismi, ita scilicet quod per Baptismum aedificatur homo in domum spiritualem, et conscribitur quasi quaedam spiritualis epistola; sed per sacramentum confirmationis, quasi domus aedificata, dedicatur in templum spiritus sancti; et quasi epistola conscripta, signatur signo crucis. Et ideo collatio huius sacramenti episcopis reservatur, qui obtinent summam potestatem in Ecclesia, sicut in primitiva Ecclesia per impositionem manus apostolorum, quorum vicem gerunt episcopi, plenitudo spiritus sancti dabatur, ut habetur Act. 8[, 14].

---

[72] Cf. THOMAS DE AQUINO, *In Sent* IV d. 7 q 3 a 1 qc 2 ad 2

92. Nicolaus Cabasilas (1320-1363/91), *De vita in Christo*, lib. 3[73]

So besteht also die Wirkung dieser Einweihung darin, die Wirkkräfte des guten Pneuma mitzuteilen. Das Myron lässt aber auch den Herrn Jesus selber eintreten; bei ihm liegt ja alles Heil der Menschen und alle Hoffnung auf die (himmlischen) Güter, von ihm kommt die Seinsgemeinschaft mit dem Heiligen Pneuma, und durch ihn haben wir den Zutritt zum Vater. Wenngleich nämlich die Dreifaltigkeit als gemeinsamer Werkmeister der Neuschöpfung des Menschen anzusehen ist, so ist doch der eigentlich Ausführende der Logos allein. Und nicht nur solange er (auf Erden) weilte, hatte er Gemeinschaft mit den Menschen und brachte er sich selber dar, um, wie Paulus sagt, die *Sünden vieler hinweg zunehmen* (Hbr 9, 28), sondern von da an durch alle Ewigkeit, solange er unsere Natur trägt, durch welche wir ihn als Anwalt bei Gott haben, *reinigt er durch sich selbst unser Gewissen von toten Werken* (Hbr 9, 14), gibt er durch sich selbst das Pneuma.

In den früheren Zeiten verlieh das Mysterium den Getauften die Gnadengaben der Heilungen, der Prophetie, des Zungenredens und dergleichen, was für alle Menschen einen deutlichen Erweis der überragenden Kraft Christi darstellte. Denn ihrer bedurfte es damals, als das Christentum sich erst festigen und die Gottesverehrung erst Fuß fassen musste. Und heute? Wohl wurden auch bei uns und in jüngst vergangener Zeit einigen derartige Gaben durch das Myron zuteil, so dass sie über die zukünftigen Dinge redeten, durch bloßes Gebet Dämonen austrieben und von Krankheiten befreiten. Und das nicht allein, während sie in diesem Leben wandelten; sogar ihre Gräber besaßen diese Fähigkeit. Die pneumatische Wirkkraft verließ die Seligen also auch im Tode nicht.

Was jedoch das Myron den Christen jederzeit vermittelt und wofür jeder Zeitpunkt recht ist, das sind die Gnadengaben der Frömmigkeit und des Gebetes, der Liebe und der Keuschheit und der anderen Gaben, die für die Empfänger stets zeitgemäß sind. Vielen Christen allerdings entgehen auch diese Gnadengaben; die Kraft des Mysteriums, so groß sie auch sein mag,

---

[73]   NICOLAUS CABASILAS (1320-1363/91), *De vita in Christo,* lib. 3 (PG 150, 574; Sources chrét. 355, 361); Übers.: G. Hoch/E. von Ivánka (Hrsg.), *Nicolaus Kabasilas: Sakramentalmystik der Ostkirche, Das Buch vom Leben in Christus,* München/Klosterneuburg 1958 [S. 92-93], ²Wien/München 1966, ³Einsiedeln 1991, 97-109; W. VÖLKER, *Die Sakramentsmystik des Nikolaus Kabasilas,* Wiesbaden 1977; Y. SPITERIS, *Cabasilas: teologo e mistico bizantino,* Roma 1996; J. CORBON, *Le sens des sacrements d'initiation selon Saint Nicolas Cabasilas,* Proche-Orient chrétien 50 (2000) n°3-4, p. 245-266.

bleibt verborgen, oder sie wissen nicht einmal, dass es überhaupt ein Heiliges Pneuma gibt, wie in der Apostelgeschichte berichtet wird (Apg 19, 2).

Opus igitur initiationis huius est, vim et efficientiam boni Spiritus impertiri, ipsaque unctio Dominum Jesum introducit, in quo tota hominum salus, omnis spes bonorum, et unde nobis sancti Spiritus consortium, et per quem ad Patrem accessus. Reformatio enim humana Trinitati, ut communi effectrici ascribenda est; sed eam reipsa, et per se Verbum operatus est: non solum quando cum hominibus commoratus, humana fecit ac tulit, et *oblatus est,*" ut inquit Paulus, *„ad multorum exhaurienda peccata"* (Hbr 9, 14. 28); sed ex eo tempore semper operatur, quandiu nostram naturam gerit, propter quam ipsum advocatum apud Deum habemus. Per seipsum vero *„emundat conscientiam nostram ab operibus mortuis"* (Hbr 9, 14), et per semetipsum Spiritum dat.

Atque hoc sane mysterium superioribus aetatibus donis sanitatum, et prophetiae, et linguarum, et huiusmodi, baptizatos exornabat, quae immensam Christi potentiam universis hominibus luculenter testabantur; his enim tunc opus erat, quando Christianismus adhuc fundabatur, et religio adhuc construebatur. Etiam talia quibusdam inde collata sunt et nostro et paulo superiore saeculo: nempe futura praedicere, et daemones expellere, et solis precibus morbos depellere. Nec superstites modo, sed iam tumulis mandati eadem aeque poterant, spirituali efficientia beatos ne mortuos quidem deserente. Quae autem Christianis semper unguentum istuc conciliat, et quae omni tempore opportuna sunt, ea sunt donum pietatis, precationis, caritatis, castitatis, et aliorum, quae suscipientibus percommoda accidunt: etsi multos Christianos haec fugiunt, et quanta sit huius mysterii vis, latet, et iuxta illud quod in Actis scribitur: *„Neque si Spiritus sanctus sit, noverunt"* (Act 19, 2).

93. Nicolaus Cabasilas (1320-1363/91), *De vita in Christo*, lib. 3[74]

Wenn wir so pneumatisch ins Dasein getreten und auf diese Weise geboren sind, dann ist es wohl folgerichtig, dass wir auch eine Energie und einen Antrieb empfangen, die einer solchen Geburt entsprechen. Und das bewirkt an uns das Mysterium des göttlichen Myron. Denn es macht die pneumatischen Kräfte wirksam, im einen diese, im anderen jene, oder auch mehrere zugleich, wie eben der einzelne für das Mysterium bereitet ist. Und es geschieht nun an den Täuflingen dasselbe, was in früheren Zeiten durch die Hände der Apostel an den von ihnen Getauften geschah: Indem die Apostel den schon Getauften die Hände auflegten, wurde ihnen das Pneuma geschenkt. So kommt auch jetzt der Paraklet zu den Gesalbten. Folgendes zum Beweis:

---

[74] NICOLAUS CABASILAS (1320-1363/91), *De vita in Christo*, lib. 3 (PG 150, 569A-C; übers. von G. Hoch, in: E. von Ivánka (Hrsg.), *Sakramentalmystik der Ostkirche*, Klosterneuburg 1958, 89-90)

Erstens: Das alte Gesetz salbte Könige und Priester gleicherweise, während die Kirche nach ihrer Ordnung die Könige mit Myron salbt, den Priestern aber die Hände auflegt und für beide die Gnade des Pneuma erfleht, wodurch zum Ausdruck kommt, dass dies wie jenes das gleiche vermittelt, und dass beides – (Myron und Handauflegung) – dieselbe Macht besitzt.

Zweitens: Auch die Bezeichnungen sind beiden (Riten) gemeinsam: „Salbung" und „Anteil am Pneuma". Denn die heiligen Priester nennen auch die priesterliche Handauflegung „Salbung"; und andererseits bezeugen ihr Gebet und ihr Glaube, dass diejenigen, die sie in das Mysterium des Myron einweihen, Teilhaber am Heiligen Pneuma sind. Und um den Gefirmten zu erklären, was es eigentlich um dieses Mysterium ist, bezeichnen sie es als „Besiegelung mit der pneumatischen Gabe". Das nämlich verkündigen sie über die Firmlinge.

Drittens: Auch Christus selber, der Herrscher, hat ein Myron empfangen; freilich nicht durch Ausgießung auf das Haupt, sondern (unmittelbar) vom Heiligen Pneuma, denn es wurde des angenommenen Fleisches wegen zur Schatztruhe aller pneumatischen Wirkkräfte. Somit ist er nicht nur „Christus" (d. h. „Gesalbter"), sondern auch „Chrisma" (d. h. „Salböl"), nach dem Schriftwort: *„Ausgegossenes Myron wirst du genannt"* (Hld 1, 3).

Sic porro spiritualiter fabrefactos iam et ad hunc modum generatos, etiam actionem, generationi huic convenientem et motum consentaneum sortiri oportebit. Hoc vobis divinissimi unguenti usurpatio conciliat quod in spiritualibus efficientiis efficaces facit, hunc quidem in hac, alium in illa, alium in pluribus, ut quisque ad mysterium paratus accesserit. Et nunc perinde, ut antiquis temporibus, initiatus evenit. Manus enim apostolorum baptizatis imponebantur. Nam cum imposuissent manus apostoli initiatis, ait Scriptura, Spiritus dabatur (cf. Act 8, 38.39; 10, 47.48). Et nunc in eos qui uncti sunt similiter Paracletus venit. Cuius rei nota et signum est. Cum vetus lex reges et sacerdotes aeque ungeret, Ecclesiae lex illos ungens, his munus etiam imponit, et Spiritus gratiam ambobus precatur; quo ostenditur, et hoc et illud eodem spectare, et ambo eandem vim habere. Deinde et nominibus inter se affinia sunt et illud chrisma, et haec Spiritus communio. Nam et sacerdotem inaugurationem sanctissimi sacerdotes « χρίσιν», «unctionem» appellant: et rursus, quibus mysterium unguenti conferunt, eos Spiritus sancti participes esse et precantur et credunt. Et initiationem quid tandem sit, initiandis exponentes, spiritualis doni sigillum vocant; hoc enim super ungendis pronuntiant.

Praeterea Christus ipse Dominus, qui non effusum in caput unguentum accepit, sed per Spiritum sanctum unctus est, quoniam spiritualis operationis omnis, propter assumptam carnem, thesaurus fuit, et non Christus solum, sed et chrisma: « *Unguentum effusum*, inquit, *nomen tuum* » (Cant 1, 3), illud a principio, hoc posterius. Quamdiu enim non erat, cui Deus sua impertiret, unguentum erat, in se ipso manens. Postquam autem beata illa caro est condita, *quae omnem plenitudinem divinitatis suscepit,* ut Paulus ait (Col 1, 19), et cui *non ad mensuram dedit Deus spiritum*, ut Johannes testatur (Joh 3, 34), sed omnes naturae suae divitias in eam contulit, tunc in ipsam effusum iam unguentum, iure chrisma et est et nominatur. Nam communicari, hoc ipsi et chrisma, seu unguentum esse, et effundi fuit.

94. Concilium Florentinum, *Decretum pro Armenis* (22. 11. 1439)[75]

Das zweite Sakrament ist die Firmung. Die Materie ist das Chrisam, hergestellt aus Öl, das die Reinheit des Gewissens darstellt, und durch den Bischof geweihten Balsam, der den Duft des guten Rufes versinnbildlicht. Die Form aber ist: „*Ich bezeichne dich mit dem Zeichen des Kreuzes und stärke dich mit dem Chrisam des Heiles im Namen des Vaters und des Sohnes und des Heiligen Geistes*".

Der ordentliche Spender ist der Bischof. [...] Aus einem vernünftigen und sehr schwerwiegenden Grund kann (als außerordentlicher Spender) auch ein einfacher Priester kraft der Erlaubnis durch den Apostolischen Stuhl das Sakrament der Firmung spenden mit dem Salböl, das von einem Bischof geweiht wurde.

Die Wirkung dieses Sakramentes besteht darin, dass in ihm der Heilige Geist zur Stärkung gegeben wird, wie er den Aposteln am Pfingstfest gegeben wurde, damit nämlich der Christ mutig den Namen Christi bekenne. Deshalb wird der Firmling auf der Stirn, wo sich die Beschämung kundtut, gesalbt, auf dass er sich nicht schäme, Christi Namen zu bekennen und besonders sein Kreuz, das nach dem Apostel den Juden ein Anstoß und den Heiden eine Torheit ist. Deshalb wird er mit dem Zeichen des Kreuzes gezeichnet.

Und deshalb wird der Firmling auf der Stirn, wo der Sitz der Furchtsamkeit ist, gesalbt, damit er nicht erröte, den Namen Christi und vor allem sein Kreuz zu bekennen, das nach dem Apostel den Juden ein Ärgernis ist, den Heiden aber eine Torheit [vgl. 1 Kor 1, 23]; deswegen wird er mit dem Zeichen des Kreuzes bezeichnet.

Secundum sacramentum est confirmatio; cuius materia est chrisma confectum ex oleo quod nitorem significat conscientiae, et balsamo, quod odorem significat bonae famae, per episcopum benedicto. Forma autem est: *Signo te signo crucis, et confirmo te chrismate salutis, in nomine Patris et Filii et Spiritus Sancti.*

Ordinarius minister est episcopus. ...

Effectus autem huius sacramenti est, quia in eo datur Spiritus Sanctus ad robur, sicut datus est Apostolis in die Pentecostes, ut videlicet Christianus audacter Christi confiteatur nomen. Ideoque in fronte, ubi verecundiae sedes est, confirmandus

---

[75] CONCILIUM FLORENTINUM, *Decretum pro Armenis* (22. 11. 1439) (DH 1317-1319)

inungitur, ne Christi nomen confiteri erubescat et praecipue crucem eius, quae Judaeis quidem est scandalum, gentibus autem stultitia (cf. 1 Cor 1, 23) secundum Apostolum; propter quod signo crucis signatur.

95. Concilium Tridentinum, sess. 7 (1547), *Canones de sacramento confirmationis*[76]

1. Wer sagt, die Firmung der Getauften sei eine leere Zeremonie und nicht vielmehr ein wahres und eigentliches Sakrament, oder sie sei ehedem nichts anderes gewesen als eine Art Katechese, in der die Heranwachsenden vor der Kirche Rechenschaft von ihrem Glauben ablegten, der sei ausgeschlossen.

2. Wer sagt, diejenigen täten ein Unrecht gegen den Heiligen Geist, die dem heiligen Chrisam der Firmung irgendeine Kraft zuschreiben, der sei ausgeschlossen.

3. Wer sagt, der ordentliche Spender der heiligen Firmung sei nicht allein der Bischof, sondern jeder beliebige einfache Priester, der sei ausgeschlossen.

Can. 1. Si quis dixerit, confirmationem baptizatorum otiosam caeremoniam esse et non potius verum et proprium sacramentum, aut olim nihil aliud fuisse, quam catechesim quandam, qua adolescentiae proximi fidei suae rationem coram Ecclesia exponebant: an. s.

Can. 2. Si quis dixerit, iniurios esse Spiritui Sancto eos, qui sacro confirmationis chrismati virtutem aliquam tribuunt: an. s.

Can. 3. Si quis dixerit, sanctae confirmationis ordinarium ministrum non esse solum episcopum, sed quemvis simplicem sacerdotem: an. s.

96. Catechismus Romanus ex decreto concilii Tridentini (1566), p. 2 c 3 q 1-2[77]

1. Warum ganz besonders heutzutage die Kraft der Firmung erklärt werden muss.

Wenn je bei der Erklärung des Sakramentes der Firmung die Sorgfalt der Hirten erforderlich war, so ist es sicher heute vonnöten, dasselbe so sehr als möglich zu verdeutlichen, da in der heiligen Kirche Gottes dieses Sakrament von vielen ganz beiseite geschoben wird, es aber sehr wenige gibt,

---

[76]   DH 1628-1630

[77]   P. RODRIGUEZ (ed), *Catechismus Romanus*, Città del Vaticano 1989; *Catechismus ex decreto concilii Tridentini*, Regensburg 1886; deutsche Übers.: *Katechismus nach dem Beschlusse des Konzils von Trient für die Pfarrer*, Kirchen/Sieg 1970. Vgl. P. STELLA, *Il sacramento della confermazione nel Catechismo ad parochos (1566)*, EL 86 (1972) 182-213.

welche sich bestreben, daraus jene Frucht der Gnade zu schöpfen, welche sie schöpfen sollten. Daher werden die Gläubigen von dem Wesen, der Kraft und Würde dieses Sakramentes – teils am Pfingstfest, an welchem es hauptsächlich gespendet zu werden pflegt, teils auch an anderen Tagen, wann es die Hirten für angemessen erachten, – so zu belehren sein, dass sie einsehen, man dürfe es nicht bloß nicht vernachlässigen, sondern müsse es mit der höchsten Ehrfurcht und Andacht empfangen, damit es nicht durch ihre eigene Schuld und zu ihrem größten Schaden geschehe, dass ihnen diese göttliche Wohltat vergeblich mitgeteilt zu sein scheine.

2. Warum die Kirche dieses Sakrament „Firmung" genannt hat.

Um aber mit dem Namen den Anfang zu machen, ist zu lehren, dass dieses Sakrament von der Kirche deshalb Firmung (Stärkung) genannt wird, weil der Getaufte, wenn er vom Bischof mit dem heiligen Chrisam gesalbt wird unter den feierlichen Worten: *„Ich bezeichne dich mit dem Zeichen des Kreuzes und stärke dich mit dem Chrisam des Heiles im Namen des Vaters und des Sohnes und des Heiligen Geistes"*, durch die Stärkung einer neuen Kraft, wenn nicht etwas anderes die Wirksamkeit des Sakramentes hindert, stärker wird und so vollkommener Streiter Christi zu sein anfängt.

1. Cur hodie quam maxime confirmationis virtus sit explicanda.

Si in sacramento confirmationis explicando pastorum diligentia requirenda unquam fuit, nunc certe opus est, illud quam maxime illustrare, cum in sancta Dei ecclesia hoc sacramentum a multis omnino praetermittatur, paucissimi vero sint, qui divinae gratiae fructum, quem deberent, ex eo capere studeant. Quare fideles ita de huius sacramenti natura, vi, dignitate, tum in die Pentecostes, quo praecipue die administrari solet, tum aliis etiam diebus, quum id pastores commode fieri posse iudicaverint, docendi erunt, ut intelligant, non solum negligendum non esse, sed summa cum pietate et religione suscipiendum, ne ipsorum culpa maximoque malo eveniat, ut frustra in eos divinum hoc beneficium collatum esse videatur.

2. Quare ecclesia hoc sacramentum confirmationem vocavit.

Sed ut a nomine initium sumatur, confirmationem ab ecclesia hoc sacramentum idcirco vocari docendum est, quoniam, qui baptizatus est, cum ab episcopo sacro chrismate ungitur, additis solemnibus illis verbis: *„Signo te signo crucis, et confirmo te chrismate salutis, in nomine Patris, et Filii et Spiritus sancti"*, nisi aliud sacramenti efficientiam impediat, novae virtutis robore firmior, atque adeo perfectus Christi miles esse incipit.

97. **Catechismus Romanus ex decreto concilii Tridentini** (1566), p. 2 c 3 q 10

In den meisten übrigen Sakramenten nämlich hat Christus deren Materie in der Weise eingesetzt, dass er ihr zugleich die Heiligkeit mitgeteilt hat; denn als er sprach: „Wenn jemand nicht wieder geboren wird aus dem Wasser und dem Heiligen Geist, kann er nicht in das Reich Gottes eingehen(Joh 3, 5)", wollte er nicht bloß, dass das Wasser das Element der Taufe sei, sondern, als er selbst getauft wurde, hat er bewirkt, dass dasselbe von nun an mit der Kraft der Heiligung begabt sei. Daher sagt der heilige *Chrysostomus*: „Das Wasser der Taufe hätte die Sünden der Glaubenden nicht reinigen können, wenn es nicht durch die Berührung des Leibes des Herrn geheiligt worden wäre". Weil nun der Herr diese Materie der Firmung nicht durch eigenen Gebrauch und Berührung der heiligt hat, so ist es notwendig, dass sie durch heilige und gottesdienstliche Gebete geweiht werde, und diese Zubereitung kann niemandem anders zukommen, als dem Bischof, der als der ordentliche Spender dieses Sakramentes bestimmt ist.

Etenim in plerisque aliis sacramentis Christus ita eorum materiam instituit, ut sanctitatem quoque illi tribuerit; non solum enim aquam elementum baptismi esse voluit, cum inquit: *Nisi quis renatus fuerit ex aqua et Spiritu Sancto, non potest introire in regnum Dei* (Joh 3, 5), sed, cum ipse baptizatus est, effecit, ut ea deinceps vi sanctificandi praedita esset. Quare dictum est a sancto *Chrysostomo*: "Aqua baptismi purgare peccata credentium non posset, nisi tactu dominici corporis sanctificata fuisset". Quoniam igitur Dominus hanc confirmationis materiam usu ipso et tractatione non sacravit, necessarium est, ut sanctis et religiosis precationibus consecretur, neque ad alium ea confectio, nisi ad episcopum pertinere potest, qui eiusdem sacramenti ordinarius minister institutus est.

98. Catechismus Romanus ex decreto concilii Tridentini (1566), p. 2 c 3 q 15

Es wird aber auch ein Pate beigegeben, so wie auch bei der Taufe, wie gezeigt worden ist. Denn wenn jene, die sich in den Schwertkampf begeben, jemanden brauchen, durch dessen Kunstfertigkeit und Rat sie unterrichtet werden, durch welche Hiebe und Angriffs weisen sie den Gegner vernichten können, ohne selbst verwundet zu werden, um wie viel mehr werden die Gläubigen einen Führer und Mahner brauchen, wenn sie durch das Sakrament der Firmung wie durch die festeste Waffenrüstung gedeckt und gewappnet sich in den geistigen Kampf begeben, bei welchem das ewige Heil in Aussicht steht! Mit Recht sind also auch zur Spendung dieses Sakramentes Paten beizuziehen, mit welchen man dieselbe geistige Verwandtschaft eingeht, welche rechtmäßige Eheschließungen hindert, wie vorher gezeigt, wo von den Paten die Rede war, welche bei der Taufe genommen werden müssen.

Additur vero etiam patrinus, quemadmodum in baptismo fieri demonstratum est. Nam si, qui gladiatoriam dimicationcm subieunt, alicuius indigent, cuius arte et consilio docentur, quibus ictibus ac petitionibus, salvis ipsis, conficere adversarium possint: quanto magis fideles, cum sacrmento confirmationis, quasi firmissimis armis tecti ac muniti in spirituale certamen, cui aeterna salus proposita est, descendunt, ducis ac monitoris indigebunt! Recte igitur ad huius quoque sacramenti ad-

ministrationem patrini advocandi sunt, quibuscum eadem spiritualis affinitas co-
niungitur, quae legitima nuptiarum foedera impedit, ut antea docuimus, cum de patrinis ageretur, qui ad baptismum adhibendi sunt.

99. Catechismus Romanus ex decreto concilii Tridentini (1566), p. 2 c 3 q 21

Das Wort Firmung kommt nicht daher, wie einige ebenso unwissend wie
unfromm erdichtet haben, dass ehemals die als Kinder Getauften, wenn sie
herangewachsen waren, zum Bischof geführt wurden, um den christlichen
Glauben, den sie in der Taufe empfangen hatten, zu bestätigen, so dass sich
die Firmung in nichts vom Glaubensunterricht zu unterscheiden scheine, –
für welche Gewohnheit sich kein bewährtes Zeugnis anführen lässt. Vielmehr ist der Name aus dem Grund beigelegt, weil Gott durch die Kraft
dieses Sakramentes in uns das bestärkt, was er in der Taufe zu wirken be-
gonnen hat, und uns zur Vollendung der christlichen Festigkeit führt.

Neque enim, ut quidam non minus imperite quam impie finxerunt, confirmationis vocabulum ab eo deducitur, quod olim, qui infantes baptizati erant, cum iam
adulti essent, ad episcopum aducebantur, ut fidem christianam, quam in baptismo
susceperant, confirmarent, ita ut confirmatio nihil a catechesi differre videatur;
cuius consuetudinis nullum probatum testimonium afferri potest. Sed ab eo nomen
rei impositum est, quod huius sacramenti virtute Deus in nobis id confirmat, quod
baptismo operari coepit, nosque ad Christianae soliditatis perfectionem adducit.

100. Catechismus Romanus ex decreto concilii Tridentini (1566), p. 2 c 3 n. 22 q 24

24. Warum die Stirn der Firmlinge in Form eines Kreuzes gesalbt wird.

Die also mit dem Heiligen Chrisam gefirmt werden, werden auf der Stirn
gesalbt. Denn durch dieses Sakrament gießt der Heilige Geist sich in die
Herzen der Gläubigen ein und vermehrt in ihnen die Kraft und Stärke, damit sie im geistigen Kampfe männlich streiten und den bösen Feinden widerstehen können. Dadurch wird deutlich gemacht, dass sie sich durch keine Furcht oder Scham, – Gemütsbewegungen, welche sich meist auf der
Stirn abzuzeichnen pflegen, – von dem freiwilligen Bekenntnis des christlichen Namens abschrecken lassen sollen. Zudem musste ihnen jenes
Merkmal, wodurch sich der Christ von den übrigen unterscheidet wie ein
Soldat durch gewisse Auszeichnungen von den anderen, am edelsten Teil
des Körpers aufgedrückt werden.

XXIV. *Quare eorum, qui confirmantur, frons ad modum crucis inungatur.*

Qui igitur confirmantur sacro chrismate, in fronte unguntur. Nam hoc sacramento Spiritus Sanctus in animos fidelium sese infundit, in eisque robur et fortitu-

dinem auget, ut in spirituali certamine viriliter pugnare, et nequissimis hostibus re-sistere queant. Quocirca declararatur, eos nullo metu aut verecundia, quarum effec-tionum signa maxime in fronte solent apparere, a libera Christiani nominis con-fessione absterrendos esse. Praetera nota illa, qua Christianus a ceteris, veluti miles insignibus quibusdam ab aliis distinguitur, in illustriori corporis parte imprimenda erat.

101. Catechismus Romanus ex decreto concilii Tridentini (1566), p. 2 c 3 q 26

Damit aber schließlich der Gesalbte und Gefirmte sich erinnere, dass er als ein tapferer Kämpfer bereit sein müsse, alles Widrige mit unbesiegba-rem Mut für Christi Namen zu tragen, wird er vom Bischof mit der Hand leicht auf die Backe geschlagen. Zuletzt aber wird ihm der Friedensgruß ge-geben, damit er erkenne, dass er die Fülle der himmlischen Gnade und den Frieden, *welcher alles Begreifen übersteigt*, erlangt habe.

Deinde vero qui unctus et confirmtus est, ut meminerit, se tamquam fortem ath-letam paratum esse oportere ad omnia adversa invicto animo pro Christi nomine ferenda, manu leviter in maxilla ab episcopo caeditur. Postremo autem pax ei datur, ut intelligat, se gratiae coelestis plenitudinem et pacem *"quae exsuperat omnem sensum"* (Phil 4, 7) consecutum esse.

102. Pontificale Romanum, iussu editum a Benedicto XIV et Leone XIII recognitum et castigatum (ed. 1895)

Fasc.I. De confirmandis

Pontifex infantes, pueros, vel alios sacri baptismatis unda perfusos, confirmare volens, paratus supra rochettum, vel, si sit Regularis, supra superpelliceum, amictu, stola, pluviali albi coloris, et mitra, accedit ad faldistorium ante medium altaris, aut in alio convenienti loco sibi paratum; et in eo sedens, renibus altari, et facie populo versis, baculum Pastoralem in sinistra tenens, populum coram se stantem admonet, quod nullus alius, nisi solus Episcopus, Confirmationis ordinarius minister est.

Nullus confirmatus debet reconfirmari.

Nullus, qui non sit confirmatus, potest esse in confirmatione patrinus, nec pater, aut mater, maritus, aut uxor.

Nullus excommunicatus, interdictus, vel gravioribus facinoribus alligatus, aut christianae fidei rudimentis non edoctus, ingerat se ad percipiendum hoc Sacramentum, vel ad tenendum confirmandum.

Adulti deberent prius peccata confiteri, et postea confirmari, vel saltem de mortalibus, si in ea inciderint, conterantur.

Hoc Sacramento contrahitur spiritualis cognatio, impediens matrimonium contrahendum, et dirimens iam contractum; quae cognatio confirmantem, et confirmatum, illiusque patrem, et matrem, ac tenentem non egreditur.

Nullus praesentet nisi unum, aut duos, non plures, nisi aliter necessitas suadeat, arbitrio Episco-pi.

Confirmandi deberent esse ieiuni.

Confirmato debet ligari frons, et sic manere quousque Chrisma desiccetur, vel extergatur.

Proinde, unusquisque confirmandus portet lineam vittam mundam, cum qua ligetur caput.

Nullus confirmatus discedat, nisi benedictione accepta, quam Pontifex post omnium confirmationem dabit.

Infantes per patrinos ante Pontificem confirmare volentem teneantur in brachiis dextris. Adulti vero, seu alii majores ponant pedem suum super pedem dextrum patrini sui. Et ideo, neque masculi feminis patrini, neque feminae masculis matrinae esse deberent.

Quibus per ordinem ante Pontificem dispositis, Pontifex sedens lavat manus, deinde deposita mitra surgit, et stans versa facie ad confirmandos, junctis ante pectus manibus, confirmandis genua flectentibus, et manus ante pectus junctas tenentibus, dicit:

Spiritus Sanctus superveniat in vos, et virtus Altissimi custodiat vos a peccatis. R. Amen.

Deinde signans se manu dextra a fronte ad pectus signo crucis, dicit:

V. Adjutorium nostrum in nomine Domini. R. Qui fecit caelum et terram.

V. Domine, exaudi orationem meam. R. Et clamor meus ad te veniat.

V. Dominus vobiscum. R. Et cum spiritu tuo

Tunc extensis versus confirmandos manibus, dicit: Oremus.

Omnipotens sempiterne Deus, qui regenerare dignatus es hos famulos tuos ex aqua, et Spiritu Sancto; quique dedisti eis remissionem omnium peccatorum; emitte in eos septiformem Spiritum tuum Sanctum Paraclitum de coelis. R. Amen.

Spiritum sapientiae, et intellectus. R. Amen.

Spiritum consilii, et fortitudinis. R. Amen.

Spiritum scientiae, et pietatis. R. Amen.

Adimple eos Spiritu timoris tui, et consigna eos signo Cru + cis Christi, in vitam propitiatus aeternam. Per eumdem Dominum nostrum Jesum Christum Filium tuum, qui tecum vivit, et regnat in unitate ejusdem Spiritus Sancti Deus, per omnia saecula saeculorum. R. Amen.

Pontifex sedens super faldistorium praedictum, vel etiam, si multitudo confirmandorum id exegerit, dispositis illis per ordinem super gradus presbyterii, vel alibi, Pontifex stans cum mitra, illos confirmat per ordinem genuflexos, et uno ordine confirmato, illi surgunt, et alii genuflectunt, et confirmantur, et sic usque in finem. Et Pontifex inquirit sigillatim de nomine cujuslibet confirmandi, sibi per patrinum, vel matrinam flexis genibus praesentati, et summitate pollicis dextrae manus Chrismate intincta, dicit:

N. Signo te signo Cru + cis: quod dum dicit, producit pollice signum crucis in frontem illius: deinde prosequitur:

Et confirmo te Chrismate salutis: In nomine Pa + tris, et Fi + lii, et Spiritus + Sancti. R. Amen.

Deinde leviter eum in maxilla caedit, dicens: Pax tecum.

Omnibus confirmatis, Pontifex tergit cum mica panis, et lavat pollicem, et manus super pelvim.

Deinde aqua lotionis cum pane fundatur in piscinam sacrarii. Iterim dum lavat manus, cantatur sequens Antiphona, vel legitur a ministris, quod etiam in similibus servari debet.

Confirma hoc, Deus, quod operatus es in nobis, a templo sancto tuo, quod est in Jerusalem.

V. Gloria Patri et Filio et Spiritui Sancto. R. Sicut erat in principio, et nunc, et semper, et in saecula saeculorum. Amen.

Deinde repetitur Antiphona Confirma hoc, Deus.

Qua repetita, Pontifex deposita mitra surgit, et stans versus ad altare, junctis ante pectus manibus, dicit:

V. Ostende nobis, Domine, misericordiam tuam. R. Et salutare tuum da nobis.

V. Domine, exaudi orationem meam. R. Et clamor meus ad te veniat.

V. Dominus vobiscum. R. Et cum spiritu tuo.

Deinde junctis adhuc ante pectus manibus, et omnibus confirmatis devote genua flectentibus, dicit: *Oremus.*

Deus, qui Apostolis tuis Sanctum dedisti Spiritum et per eos, eorumque successores, caeteris fidelibus tradendum esse voluisti; respice propitius ad humilitatis nostrae famulatum, et praesta; ut eorum corda, quorum frontes sacro Chrismate delinivimus, et signo sanctae Crucis signavimus, idem Spiritus Sanctus in eis superveniens, templum gloriae suae dignanter inhabitando perficiat. Qui cum Patre, et Spiritu Sancto vivis, et regnas Deus, in saecula saeculorum. R. Amen.

Deinde dicit: Ecce sic benedicetur omnis homo, qui timet Dominum.

Et vertens se ad confirmatos, faciens super eos signum crucis, dicit:

Bene + dicat vos Dominus ex Sion, ut videatis bona Jerusalem omnibus diebus vitae vestrae, et habeatis vitam aeternam. R. Amen.

Expedita itaque Confirmatione, Pontifex sedens, accepta mitra, patrinis et matrinis annuntiat, quod instruant filios suos bonis moribus, quod fugiant mala, et faciant bona, et doceant eos Credo in Deum, et Pater Noster, et Ave, Maria, quoniam ad hoc sunt obligati.

Hoc Sacramentum potest conferri minus solemniter quocumque die, hora, et loco, ex causa ad arbitrium Episcopi.

Confirmatio uni tantum conferenda

Parentur vas sacri Chrismatis super pelvim una cum gossipio, gremiale ex tela alba, vas ad abluendum manus cum suo mantili, medulla panis, et vitta linea munda.

Pontifex supra rochettum, vel, si sit Regularis, supra superpelliceum paratus amictu, cruce pectorale, stola et pluviali albi coloris, cum mitra simplici et baculo pastorali, vel si hoc Sacramentum minus solemniter conferatur, quacumque die, scilicet, hora, et loco, ex causa ad arbitrium Episcopi; indutus, ut supra, sine tamen pluviali, accedit ad faldistorium ante medium altaris, si sit in aliqua Capella, aut in alio convenienti loco sibi paratum, et sedens brevi sermone alloquitur adstantes et confirmandum; explanans eis effectus huius Sacramenti, et conditiones ad illud valide, ac licite suscipiendum requisitas.

Quo facto, lavat manus: deinde, deposita mitra surgit, et versa facie ad confirmandum ante se genuflexum, junctis manibus dicit:

Spiritus Sanctus superveniat in te, et virtus Altissimi custodiat te a peccatis. R. Amen.

Deinde signans se manu dextera a fronte ad pectus signo crucis, dicit:

V. Adjutorium nostrum in nomine Domini. R. Qui fecit caelum et terram.

V. Domine, exaudi orationem meam. R. Et clamor meus ad te veniat.

V. Dominus vobiscum. R. Et cum spiritu tuo.

Tunc extensis versus confirmandum manibus, dicit: Oremus.

Omnipotens sempiterne Deus, qui regenerare dignatus es hunc famulum tuum (vel hanc famulam tuam) ex aqua, et Spiritu Sancto, quique dedisti eis remissionem omnium peccatorum: emitte in eum (vel in eam) septiformem Spiritum tuum Sanctum Paraclitum de coelis. R. Amen.

Spiritum sapientiae, et intellectus. R. Amen.

Spiritum consilii, et fortitudinis. R. Amen.

Spiritum scientiae, et pietatis. R. Amen.

Adimple eum (vel eam) Spiritu timoris tui, et consigna eum (vel eam) signo Cru + cis Christi, in vitam propitiatus aeternam. Per eumdem Dominum nostrum Jesum Christum Filium tuum, qui tecum vivit, et regnat in unitate eiusdem Spiritus Sancti Deus, per omnia saecula saeculorum. R. Amen.

Pontifex, accepta mitra, sedet in faldistorio, imponitur ei gremiale album, et baculum accipit in sinistra; confirmandus vero coram eo genuflexus, si fuerit infans per patrinum vel matrinum stantem tenetur sub brachio dextero; si autem fuerit adultus, aut alius major, ponat pedem suum super pedem dextrum patrini sui. Et ideo, neque masculus feminae patrinus, neque femina masculo matrina esse deberet.

Deinde, inquisito confirmandi nomine, et summitate pollicis dexterae manus Chrismate intincta, Pontifex confirmat eum, dicens:

N. Signo te signo Cru + cis: *Et dum hoc dicit, imposita manu dextera super caput confirmandi, producit pollice signum Crucis in frontem illius, deinde prosequitur:*

Et confirmo te Chrismate salutis: In nomine Pa + tris, et Fi + lii, et Spiritus + Sancti. R. Amen.

Deinde leviter eum in maxilla caedit dicens: Pax tecum.

Unctione peracta, patrinus vel matrina confirmati frontem, per ministrum jam extersam, ligat vitta linea munda; et Pontifex, deposito baculo pastorali, tergit cum mica panis, et lavat pollicem et manus super pelvim, et aqua lotionis cum pane funditur in piscinam sacrarii.

Interim dum lavat manus, cantatur vel legitur a ministris sequens Antiphona:

Confirma hoc, Deus, quod operatus es in nobis a templo sancto tuo, quod est in Jerusalem.

V. Gloria Patri, et Filio, et Spiritui Sancto.

R. Sicut erat in principio, et nunc, et semper, et in saecula saeculorum. Amen.

Deinde repetitur Antiphona; qua repetita, Pontifex, deposita mitra, surgit, et stans versus ad altare, junctis ante pectus manibus, dicit:

V. Ostende nobis, Domine, misericordiam tuam. R. Et salutare tuum da nobis.

V. Domine, exaudi orationem meam. R. Et clamor meus ad te veniat.

V. Dominus vobiscum. R. Et cum spiritu tuo.

Oremus.

Deus, qui Apostolis tuis Sanctum dedisti Spiritum et per eos, eorumque successores caeteris fidelibus tradendum esse voluisti; respice propitius ad humilitatis nostrae famulatum, et praesta, ut illius cor, cujus frontem sacro Chrismate delinivimus, et signo sanctae Crucis signavimus, idem Spiritus Sanctus in eo (vel in ea) superveniens, templum gloriae suae dignanter inhabitando perficiat. Qui cum Patre, et Spiritu Sancto vivis, et regnas Deus, in saecula saeculorum. R. Amen.

Deinde dicit:

Ecce sic benedicetur omnis homo, qui timet Dominum.

Et vertens se ad confirmatum, sinistra accipit pastorale, et dextera manu faciens super eum signum Crucis, dicit: Bene + dicat te Dominus ex Sion, ut videatis bona Jerusalem omnibus diebus vitae tuae, et habeas vitam aeternam. R. Amen.

Expedita itaque Confirmatione, Pontifex sedens, accepta mitra, patrino, vel matrinae annuntiat, quod filium suum instruat bonis moribus, quod fugiat mala, et faciat bona, et doceat eum Credo in Deum, et Pater Noster, et Ave, Maria, quoniam ad hoc est obligatus.   *Mox sacris exuitur: et vadunt in pace omnes.*

103. Vaticanum II, *Apostolicam actuositatem*, 3

Pflicht und Recht zum Apostolat haben die Laien kraft ihrer Vereinigung mit Christus, dem Haupt. Denn durch die Taufe dem mystischen Leib Christi eingegliedert und durch die Firmung mit der Kraft des Heiligen Geistes gestärkt, werden sie vom Herrn selbst mit dem Apostolat betraut. Sie werden zu einer königlichen Priesterschaft und zu einem heiligen Volk (vgl. 1 Petr 2, 4-10) geweiht, damit sie durch alle ihre Werke geistliche Opfergaben darbringen und überall auf Erden Zeugnis für Christus ablegen.

Laici officium et ius ad apostolatum obtinent ex ipsa sua cum Christo Capite unione. Per Baptismum enim corpori Christi mystico inserti, per Confirmationem virtute Spiritus Sancti roborati, ad apostolatum ab ipso Domino deputantur. In regale sacerdotium et gentem sanctam (cfr. 1 Petr 2, 4-10) consecrantur, ut per omnia opera spirituales offerant hostias et ubique terrarum Christo testimonium perhibeant.

104. Vaticanum II, *Lumen gentium*, 11

Durch das Sakrament der Firmung werden sie vollkommener der Kirche verbunden und mit einer besonderen Kraft des Heiligen Geistes ausgestattet. So sind sie in strengerer Weise verpflichtet, den Glauben als wahre Zeugen Christi in Wort und Tat zugleich zu verbreiten und zu verteidigen.

Sacramento confirmationis perfectius Ecclesiae vinculantur, speciali Spiritus Sancti robore ditantur, sicque ad fidem tamquam veri testes Christi verbo et opere simul diffundendam et defendendam arctius obligantur.

105. Vaticanum II, *Lumen gentium*, 33

Das Apostolat der Laien ist Teilnahme an der Heilssendung der Kirche selbst. Zu diesem Apostolat werden alle vom Herrn selbst durch Taufe und Firmung bestellt.

Apostolatus autem laicorum est participatio ipsius salvificae missionis Ecclesiae, ad quem apostolatum omnes ab ipso Domino per baptismum et confirmationem deputantur.

106. Vaticanum II, *Ad gentes*, 11

Denn alle Christgläubigen, wo immer sie leben, müssen durch das Beispiel ihres Lebens und durch das Zeugnis des Wortes den neuen Menschen, den sie durch die Taufe angezogen haben, und die Kraft des Heiligen Geistes, der sie durch die Firmung gestärkt hat, so offenbaren, dass die anderen Menschen ihre guten Werke sehen, den Vater preisen (vgl. Mt 5, 16) und an ihnen den wahren Sinn des menschlichen Lebens und das alle umfassende Band der menschlichen Gemeinschaft vollkommener wahrnehmen können.

Omnes enim christifideles, ubicumque vivunt, exemplo vitae et testimonio verbi novum hominem, quem per baptismum induerunt, et virtutem Spiritus Sancti, a quo per confirmationem roborati sunt, ita manifestare tenentur, ut ceteri bona eorum opera considerantes glorificent Patrem(cf. Mt 5, 16) et genuinum vitae humanae sensum et communionis hominum universale vinculum plenius percipiant.

107. Vaticanum II, *Ad gentes*, 36

Als Glieder des lebendigen Christus, durch Taufe, Firmung und Eucharistie ihm eingegliedert und gleichgestaltet, ist allen Gläubigen die Pflicht auferlegt, an der Entfaltung und an dem Wachstum seines Leibes mitzuwirken, damit dieser so bald wie möglich zur Vollgestalt gelange (vgl. Eph 4, 13). Deshalb sollen alle Kinder der Kirche ein lebendiges Verantwortungsbewusstsein gegenüber der Welt besitzen, eine wahrhaft katholische Gesinnung in sich hegen und ihre Kräfte für das Werk der Evangelisierung einsetzen. Doch seien alle eingedenk, dass die erste und wichtigste Verpflichtung bei der Ausbreitung des Glaubens darin besteht, ein tiefchristliches Leben zu führen.

Ut membra viventis Christi, Ipsi per Baptismum necnon per Confirmationem et Eucharistiam incorporati et configurati, omnes fideles officio tenentur ad Eius Corporis expansionem et dilatationem cooperandi, ut quamprimum illud ad plenitudinem adducant. (cf. Eph 4, 13).

Quare omnes Ecclesiae filii vivam suae erga mundum responsabilitatis conscientiam habeant, spiritum vere catholicum in seipsis foveant, suasque vires in opus evangelizationis impendant. Attamen, sciant omnes, primum ac potissimum suum debitum pro fidei diffusione esse, vitam christianam profunde vivere.

108. Vaticanum II, *Orientalium ecclesiarum*, 13-14

Die seit den ältesten Zeiten bei den Ostkirchen gültige Ordnung, die den Spender des Sakramentes des heiligen Chrisams betrifft, soll in vollem Umfang wiederhergestellt werden. Demgemäß können die Priester dieses Sakrament spenden unter Gebrauch von Chrisam, der vom Patriarchen oder Bischof geweiht ist.

Alle ostkirchlichen Priester können dieses Sakrament in gültiger Weise allen Gläubigen eines jeden Ritus, den lateinischen inbegriffen, spenden, sei es in Verbindung mit der Taufe oder getrennt von ihr. ... Wenn lateinische Priester Vollmacht haben, dieses Sakrament zu spenden, so können sie es gültigerweise auch ostkirchlichen Gläubigen spenden, ohne dabei deren Ritus zu ändern.

Disciplina de ministro S. Chrismatis inde ab antiquissimis temporibus apud Orientales vigens plene instauretur. Idcirco presbyteri hoc sacramentum conferre valent, adhibito Chrismate a patriarcha vel episcopo benedicto. Presbyteri omnes orientales hoc sacramentum, sive una cum Baptismo sive separatim, valide conferre possunt omnibus fidelibus cuiusvis ritus, latino haud excluso, servatis ad liceitatem praescriptis iuris tum communis tum particularis. Presbyteri quoque latini ritus, secundum facultates quibus gaudent circa ministrationem huius sacramenti, valent illud etiam fidelibus Ecclesiarum Orientalium ministrare, sine praeiudicio ritui.

109. Papst Paul VI (15. 8. 1971), Apost. Konst. *Divinae consortium naturae*[78]

Die Teilnahme an der göttlichen Natur, die dem Menschen durch die Gnade Christi verliehen ist, hat eine gewisse Ähnlichkeit mit dem Ursprung, dem Wachsen und der Nahrung im natürlichen Leben. In der Taufe wiedergeboren werden die Gläubigen durch das Sakrament der Firmung gefestigt und schließlich in der Eucharistie mit der Speise des ewigen Lebens genährt. So werden sie durch die Sakramente der christlichen Initiation immer tiefer in das Leben Gottes hineingenommen und kommen der vollendeten Liebe immer näher. Mit Recht heißt es bei *Tertullian*: „Der Leib wird abgewaschen, um die Seele rein zu machen. Der Leib wird gesalbt, um die Seele zu heiligen. Der Leib wird besiegelt, um die Seele zu festigen. Die Hände werden über den Leib ausgebreitet, um die Seele durch den Geist zu erleuchten. Der Leib wird durch Fleisch und Blut Christi genährt, damit die Seele von Gott gesättigt werde[79]".[...]

Von daher wird die besondere Bedeutung der Firmung unter den Initiationssakramenten offenbar, durch welche die Gläubigen als „Glieder des lebendigen Christus ihm in Taufe, Firmung und Eucharistie eingegliedert und gleichgestaltet[80]" werden. In der Taufe empfangen sie die Vergebung der Sünden, die Gotteskindschaft und das Prägemal Christi, wodurch sie der Kirche eingegliedert werden und ersten Anteil am Priestertum ihres Erlösers erhalten (vgl. 1 Petr 2, 5 und 9). Durch das Sakrament der Firmung empfangen die in der Taufe Wiedergeborenen die unsagbar große ‚Gabe', den Heiligen Geist, durch den sie „mit einer besonderen Kraft ausgestattet[81]" und durch das Prägemal dieses Sakramentes besiegelt – „vollkommener der Kirche verbunden[82]" und „strenger verpflichtet werden, den

---

[78] AAS 63 (1971) 657-664

[79] TERTULLIANUS, *De resurrectione mortuorum*, 8, 3 (CChrL 2, 931)

[80] VATICANUM II, Dekret über die Missionstätigkeit der Kirche *Ad gentes*, 36 (AAS 58 (1966) 983

[81] VATICANUM II, Dogmatische Konstitution über die Kirche *Lumen gentium*, 11 (AAS 57 (1965) 15)

[82] Ebd.

Glauben als wahre Zeugen Christi in Wort und Tat zu verbreiten und zu verteidigen[83]". Schließlich steht die Firmung mit der Eucharistie so eng in Verbindung[84], dass die Gläubigen, die bereits durch Taufe und Firmung besiegelt sind, im Empfang der Eucharistie dem Leibe Christi voll eingefügt werden[85].

Diese Mitteilung der Gabe des Heiligen Geistes geschah in der Kirche schon seit alter Zeit durch verschiedene Riten. Sie haben im Osten und Westen zahlreiche Änderungen erfahren, wobei aber die Bedeutung einer Mitteilung des Heiligen Geistes unverändert blieb.

[…] Aus dem bisher Gesagten wird deutlich, dass bei der Firmung die Salbung mit Chrisam die apostolische Handauflegung in gewissem Sinn darstellt und im Osten und Westen – wenn auch aus verschiedenen Gründen – den ersten Platz einnimmt. Da diese Salbung mit Chrisam die Salbung mit dem Heiligen Geist, der den Gläubigen gegeben wird, treffend versinnbildlicht, wollen wir ihr Weiterbestehen und ihre Bedeutung gewahrt wissen.

Bei den Worten zur Salbung mit Chrisam haben Wir durchaus den Wert der Spendeformel bedacht, die in der Lateinischen Kirche gebraucht wird. Dennoch sind Wir der Auffassung, es sei ihr die alte Formel des byzantinischen Ritus vorzuziehen, in der die Gabe des Heiligen Geistes ausgedrückt wird und die an die Sendung des Geistes am Pfingstfest erinnert (vgl. Apg 2, 1-4 und 38). Diese Formel übernehmen Wir nun nahezu wörtlich.

Damit also bei der Neugestaltung der Firmordnung möglichst auch die wesentlichen Elemente des sakramentalen Vollzugs miteinbezogen werden, entscheiden und bestimmen Wir kraft Unserer obersten Apostolischen Autorität, dass in der Lateinischen Kirche künftig folgendes gilt:

Das Sakrament der Firmung wird gespendet durch die Salbung mit Chrisam auf der Stirn, die unter Auflegung der Hand geschieht, und durch die Worte: *Sei besiegelt durch die Gabe Gottes, den Hl. Geist!* (*Accipe signaculum Spiritus Sancti*).

Das Ausbreiten der Hände über die Firmlinge, welches das vorgeschriebene Gebet vor der Chrisamsalbung begleitet, zählt zwar nicht zum Wesen des sakramentalen Ritus, ist aber trotzdem von großer Bedeutung, da es zur Vollgestalt des Ritus gehört und zum umfassenderen Verständnis des Sak-

---

[83]   Ebd.; vgl. VATICANUM II, *Ad gentes*, 11 (AAS 58 (1966) 959-960)

[84]   VATICANUM II, Dekret über Dienst und Leben der Priester, *Presbyterorum ordinis*, 5 (AAS 58 (1966) 997)

[85]   Ebd., p. 997-998

ramentes beiträgt. Selbstverständlich unterscheidet sich dieses vorausgehende Ausbreiten der Hände vom Auflegen der Hand, mit dem die Chrisamsalbung auf der Stirn vollzogen wird.

Divinae consortium naturae, quo hommes per Christi gratiam donantur, similitudinem quandam prae se fert ortus vitae naturalis, eius incrementi et alimonii. Etenim Baptismo renati fideles Confirmationis Sacramento roborantur ac tandem in Eucharistia cibo vitae aeternae vegetantur, ita ut hisce initiationis christianae Sacramentis thesaurus vitae divinae magis magisque percipiant atque ad perfectionem caritatis progrediantur. Recte quidem haec verba sunt scripta: *caro abluitur, ut anima emaculetur; caro unguitur, ut anima consecretur; caro signatur, ut et anima muniatur; caro manus impositione adumbratur, ut et anima spiritu inluminetur; caro corpore et sanguine Christi vescitur, ut et anima de Deo saginetur*[86].

[...] Hinc patefit proprium Confirmationis momentum ad sacramentalem initiationem, qua fideles *ut membra viventis Christi, Ipsi per Baptismum necnon per Confirmationem et Eucharistiam incorporantur et configurantur*[87]. In Baptismo neophyti accipiunt remissionem peccatorum, adoptionem filiorum Dei necnon characterem Christi, quo Ecclesiae aggregantur ac primum participes fiunt sacerdotii Salvatoris sui (cf. 1 Petr 2, 5 et 9). Per Confirmationis Sacramentum Baptismo renati Domum ineffabile, ipsum Spiritum Sanctum, accipiunt, quo *speciali . . . robore ditantur*[88], atque, eiusdem Sacramenti charactere signati, *perfectius Ecclesiae vinculatur* (*Ibidem.*) et *ad fidem tamquam veri testes Christi verbo et opere simul diffundendam et defendendam arctius obligantur*[89]. Demum Confirmatio cum Sacra Eucharistia ita cohaeret[90], ut fideles, iam Sacro Baptismate et Confimatione signati, piene per participationem Eucharistiae Corpori Christi inserantur[91]. Spiritus Sancti doni collatio iam ab antiquis temporibus in Ecclesia variis ritibus est peracta. Qui quidem in Oriente et in Occidente multiplices mutationes habuerunt, ita tamen ut collationis Spiritus Sancti significatio servaretur.

In pluribus ritibus Orientis iam antiquitus praeponderasse videtur, ad conferendum Spiritum Sanctum, ritus chrismationis, a Baptismo nonclum dilucide distinctus[92]. Qui ritus hodieque apud plurimas ex Orientalibus Ecclesiis viget.

---

[86] Tertullianus, *De resurrectione mortuorum*, 8, 3 (CChrL, 2, p. 931)

[87] Cf. Vaticanum II, Decr. *Ad gentes*, 36 (AAS 58 (1966), p. 983)

[88] Vaticanum II, Const. dogm. *Lumen gentium*, 11 (AAS 57 (1965), p. 15)

[89] *Ibidem.*; cf. Decr. *Ad gentes*, 11 (AAS 58 (1966), pp. 959-960)

[90] Cf. Vaticanum II, Decr. *Presbiterorum Ordinis*, 5 (AAS 58 (1966), p. 997)

[91] Cf. *Ibidem*, pp. 997-998

[92] Cf. Origenes, *De Principiis*, I, 3, 2 (GCS, 22, p. 49 sq.); *Comm. in Ep. ad Rom.*, V, 8; (PG 14, 1038); Cyrillus Hierosolymitanus, *Catech.* XVI, 26; XXI 1-7 (PG, 33, 956; 1088-1093)

In Occidente testimonia antiquissima circa christianae initiationis partem, in qua postea distincte Confirmationis Sacramentum perspectum est, inveniuntur. Etenim post ablutionem baptismalem et ante refectionem eucharisticam, plura peragenda indicantur, ut unctio, manus impositio et consignatio[93] quam in multis testimoniis Patrum. Exinde saeculorum decursu quaestiones dubitationesque ortae sunt de iis, quae ad essentiam ritus confirmandi certe pertinerent. Interest vero quaedam saltem commemorare eorum, quae inde a saeculo tertio decimo in Conciliis Oecumenicis necnon in Documentis Summorum Pontificum non paulum contulerunt ad momentum chrismationis illustrandum, ita tamen, ut impositio manuum non oblivioni daretur.

Innocentius III, Decessor Noster, haec scripsit: Per frontis chrismationem manus impositio designatur, quae alio nomine dicitur confirmatio, quia per eam Spiritus Sanctus ad augmentum datur et robur[94]. Innocentius IV autem, item Decessor Noster, memorat Apostolos tribuisse Spiritum Sanctum per manus impositionem, quam confirmatio vel frontis chrismatio repraesentat[95]. In *Professione fidei imperatoris Michaëlis Palaeologi*, quae in Concilio Lugdunensi II lecta est, mentio fit de Sacramento Confirmationis, quod per manuum impositionem episcopi conferunt, chrismando renatos[96]. *Decretum pro Armenis*, a Concilio Florentino editum, affirmat ma-

---

[93]   Cf. TERTULLIANUS, *De Baptismo*, VII-VIII (CChrL, I, p. 282 sq.); B. BOTTE, *La tradition apostolique de Saint Hippolyte: Liturgiewissenschaftliche Quellen und Forschungen*, 39, Münster in W., 1963, pp. 52-54; AMBROSIUS, *De Sacramentis*, II, 24; III, 2, 8; VI, 2, 9 (CSEL, LXXIII, pp. 36, 42, 74-75); *De Mysteriis*, VII, 42 (*ibidem*, p. 106), quae continentur tam in documentis liturgicis (*Liber Sacramentorum Romanae Ecclesiae Ordinis Anni circuli*, ed. L. C. MOHLBERG, *Rerum Ecclesiasticarum Documenta, Fontes*, IV, Roma, 1969, p. 75; *Das Sacramentarium Gregorianum nach den Aachener Urexemplar*, ed. H. LIETZMANN, *Liturgiegeschichtliche Quellen,* 3 Münster in W., 1921, p. 53 sq.; *Liber Ordinum*, ed. M. Férotin: *Monumenta Ecclesiae Liturgica*, V, Paris, 1904, p. 33 sq.; *Missale Gallicanum Vetus*, ed. L. C. MOHLBERG, *Rerum Eclesiasticarum Documenta, Fontes*, III, Roma, 1958, p. 42; *Missale Gothicum*, ed. L. C. MOHLBERG, *Rerum Ecclesiasticarum Documenta*, V, Roma 1961, p. 67; C. VOGEL/R. ELZE, *Le Pontifical Romano-Germanique du dixième siècle, Le Texte*, II: *Studi e Testi*, 227, Città del Vaticano 1963, p. 109; M. ANDRIEU, *Le Pontifical Romain au Moyen-Age*, t. 1, *Le Pontifical Romain du XIIe siècle, Studi e Testi*, 86, Città del Vaticano 1938, pp. 274 sq. et 289; t. 2, *Le Pontifical de la Curie Romaine au XIIIe siècle: Studi e Testi*, 87, Città del Vaticano 1940, pp. 452 sq.

[94]   Ep. *«Cum venisset»* (PL, 215, 285). *Professio fidei* ab eodem Pontifice *Waldensibus imposita* haec habet: "Confirmationem ab episcopo factam, id est impositionem manuum, sanctam et venerande accipiendam esse censemus" (PL, 215, 1511).

[95]   Ep. *«Sub Catholicae professione»*; Mansi, *Conc. Coll.*, t. 23, 579)

[96]   Mansi, *Conc. Coll.*, t. 24, 71

teriam Sacramenti Confirmationis esse chrisma confectum ex oleo ... et balsamo[97], atque, allatis verbis Actuum Apostolorum de Petro et Johanne, qui manuum impositione dederunt Spiritum Sanctum (cf. Act 8, 17), addit: Loco autem illius manus impositionis in ecclesia datur confirmatio[98]. *Concilium Tridentinum*, etsi ritum essentialem Confirmationis minime definire intendit, eum tamen solo nomine sacri Confirmationis chrismatis designat[99]. *Benedictus XIV* haec edixit: Quod itaque extra controversiam est, hoc dicatur: nimirum in Ecclesia Latina Confirmationis Sacramentum conferri, adhibito Sacro Chrismate seu Oleo Olivarum, Balsamo commixto, et ab Episcopo benedicto, ductoque signo Crucis per Sacramenti Ministrum in fronte suscipeintis, dum idem Minister formae verba pronunciat[100].

Multi Sacrae Theologiae doctores, harum declarationum traditionumque rationem habentes, defenderunt ad Confirmationem valide conferendam solam unctionerm chrismatis, in fronte manus impositione factam, requiri; nihilominus in Ecclesiae Latinae ritibus impositio manuum ante chrismationem super confirmandos semper praescribebatur.

Ad verba autem ritus Spiritum Sanctum communicandi quod attinet, est animadvertendum iam in Ecclesia nascente Petrum et Johannem, ad initiationerm baptizatorum in Samaria complendam, oravisse pro ipsis, ut acciperent Spiritum Sanctum ac tum imposuisse manus super illos (cf Act 8, 15-17). In Oriente saeculo quarto et quinto prima in ritu chrismationis indicia apparent verborum *signaculum doni Spiritus Sancti*[101]. Quae verba cito ab Ecclesia Constantinopolitana sunt recepta, atque etiamnum ab Ecclesiis ritus Byzantine adhibentur.

In Occidente autem verba ritus, Baptismum complentis, usque ad saeculum duodecimum et tertium decimum minus definita sunt. Verum in *Pontificali Romano* saeculi duodecimi primum occurrit formula, quae postea effecta est communis: *Signo te signo crucis et confirmo te chrismate salutis. In nomine Patris et Filii et Spiritus Sancti*[102].

---

[97]   *Epistulae Pontificiae ad Concilium Florentinum spectantes*, ed. G. HOFMNN, Concilium Florentinum, vol. I, ser. A, pars II, Roma 1944, p. 128

[98]   Ibidem, p. 129

[99]   *Concilii Tridentini Actorum pars altera*, ed. S. EHSES, Concilium Tridentinum, V. Act. II, Friburgi Br., 1911, p. 996

[100]   Ep. «*Ex quo primum tempore*», 52 (Benedicti XIV . . . Bullarium, t. III, Prati 1847, p. 320)

[101]   Cf. CYRILLUS HIEROSOLYMITANUS, *Catech.*, XVIII, 33 (PG 33, 1056); ASTERIUS, EPISCOPUS AMASENUS, *In parabolam de filio prodigo*, in «Photii Bibliotheca», Cod. 271 (PG 104,213). cf. etiam *Epistola cuiusdam Patriarchae Constantinopolitani ad Martyrium Episcopum Antiochenum* (PG, 119, 900).

[102]   M. ANDRIEU, *Le Pontifical Romain au Moyen-Age*, t. 1, *Le Pontifical Romain du XIIe siècle: Studi e Testi*, 86, Città del Vaticano 1938, p. 247)

Ex iis, quae in memoriam revocavimus, liquet in actione confirmandi in Oriente et Occidente, alia sane ratione, primum locum obtinuisse chrismationem, quae apostolicam manuum impositionem quodam modo repraesentat. Cum autem ea chrismatis unctio spiritualem Sancti Spiritus, qui fidelibus datur, unctionem, apte significet Nos confirmatam volumes eiusdem exsistentiam et momentum.

Quod ad verba attinet, quae in chrismatione proferuntur, dignitatem venerabilis formulae, quae in Ecclesia Latina adhibetur, aequa aestimatione perpendimus quidem; ei tamen praeferendam censemus antiquissimam formulam ritus Byzantini propriam, qua Donum ipsius Spiritus Sancti exprimitur atque effusio Spiritus die Pentecostes peracta recolitur (cf. Act 2, 1-4 et 38). Hanc ergo forrmulam, fore verbum pro verbo reddentes, accipimus.

Quapropter, ut ritus Confirmationis recognitio ad ipsam etiam ritus sacramentalis essentiam congruenter pertineat, Suprema Nostra Auctoritate Apostolica decernimus et constituimus, ut ea, quae sequuntur, in Ecclesia Latina in posterum serventur:

SACRAMENTUM CONFIRMATIONIS CONFERTUR PER UNCTIONEM CHRISMATIS IN FRONTE, QUAE FIT MANUS IMPOSITIONE, ATQUE PER VERBA: «ACCIPE SIGNACULUM DONI SPIRITUS SANCTI».

Impositio vero manuum super electos, quae cum praescripta oratione ante chrismationem fit, etsi ad essentiam ritus sacramentalis non pertinet, est tamen magni aestimanda, utpote quae ad eiusdem ritus integram perfectionem et ad pleniorem Sacramenti intellegentiam conferat. Patet eam manuum impositionem, quae praecedit, differre a manus impositione, qua unctio chrismatis fit in fronte.

110. **Papst Paul VI** (25. 7. 1971), *Ansprache zum Angelus*[103]

Es handelt sich um eine Quelle der Gnade, der wir große Bedeutung beimessen müssen, und welche die Kirche besonders für die neuen Generationen dringend braucht. Nötig ist eine neue Eingießung des Heiligen Geistes, sehnsüchtig aufgenommen, bewusst und mit persönlicher und gemeinsamer Hingabe. Die Firmung ist das Sakrament des inneren Reichtums und des äußeren Zeugnisses. Sie ist die Befestigung des Christen, sie ist die Gabe der geistlichen Fülle und der moralischen Kraft. Für unsere Zeiten halten leere und schwache Christen nicht stand, sind nicht dienlich. Nötig sind gefestigte Christen, d. h. solche, die in beiden Bereichen, dem natürlichen und dem übernatürlichen, mit Sehnsucht nach Vollkommenheit leben. Und das ist es, was wir heute mit unserem Gebet von der Madonna erflehen, von ihr, der an Pfingsten Ausgezeichneten.

Si tratta di una fonte di grazia alla quale dobbiamo attribuire molta importanza, e della quale la Chiesa, nelle nuove generazioni specialmente, ha grande bisogno. Bi-

---

[103] Insegnamenti di Paolo VI, XI (1971), 653

sogno d'una nuova infusione di Spiritu Santo, accolta con desiderio, con coscienza, con impegno personale e comunitario. La Cresima è il Sacramento della ricchezza interiore e della testimonianza esteriore. È la confermazione del cristiano, è il dono della pienezza spirituale e della fortezza morale. Per i tempi nostri, cristiani vuoti e deboli non resistono, non servono. Occorrono cristiani "confermati", cioè viventi nella duplice sfera, naturale e sopranaturale, con anelito di perfezione. Ed è ciò chi oggi chiederemo alla Madonna, la privilegiata della Pentecoste, con la nostra preghiera.

111. **Pontificale Romanum,** *Ordo Confirmationis* (22. 8. 1971)[104]

Das Neue Testament zeigt, wie der Heilige Geist Christus bei der Erfüllung seiner messianischen Aufgaben beistand. Nach dem Empfang der Johannes-Taufe sah Jesus den Geist auf sich herabkommen (vgl. Mk 1, 10), der über ihm blieb (Joh 1, 32). Vom Geist geführt, wurde er durch dessen Gegenwart und Beistand gestärkt, öffentlich als Messias aufzutreten. Als er dem Volk in Nazareth die Heilsbotschaft verkündete, bezog er das Wort des Isaias auf sich: *„Der Geist des Herrn ruht auf mir"* (vgl. Lk 4, 17-21).

Seinen Jüngern hat er den Beistand des Heiligen Geistes versprochen, damit sie auch vor ihren Verfolgern den Glauben mutig bezeugten (vgl. Lk 12, 1). Am Abend vor seinem Leiden hat Christus seinen Aposteln versprochen, ihnen vom Vater den Geist der Wahrheit zu senden (vgl. Joh 15, 6); dieser werde „in Ewigkeit" bei ihnen bleiben (Joh 14, 16) und sie stärken, ihn zu bezeugen (vgl. Joh 15, 26). Nach seiner Auferstehung hat Christus die unmittelbar bevorstehende Herabkunft des Heiligen Geistes verheißen: *„Ihr werdet die Kraft des Heiligen Geistes empfangen, der auf euch herabkommen wird; und ihr werdet meine Zeugen sein"* (Apg 1, 8; vgl. Lk 24, 49).

Am Pfingsttag kam der Heilige Geist in wunderbarer Weise auf die Apostel herab, die mit Maria, der Mutter Jesu, und den Jüngern versammelt waren. Sie wurden von ihm „erfüllt" (Apg 2, 4). so dass sie, von göttlicher Kraft getrieben, *„die Großtaten Gottes"* verkündeten. Petrus deutete den Geist, der so auf die Apostel herabgekommen war, als Gabe der messianischen Zeit (vgl. Apg 2, 17-18).

Darauf wurden alle getauft, die der Predigt der Apostel glaubten, und sie empfingen *„die Gabe des Heiligen Geistes"* (Apg 2, 38). Von da an vermittelten die Apostel den Neugetauften gemäß dem Willen Christi durch Auflegung

---

[104] Papst PAUL VI (15. 8. 1971), Constitutio Apostolica de Sacramento Confirmationis; *Ordo confirmationis (22. 8. 1971)*, Città del Vaticano 1971; (vgl. *Die Feier der Firmung*, hrsg. im Auftrag der deutschsprachigen Bischofskonferenzen, Einsiedeln, 1971)

der Hände die Gabe des Geistes zur Vollendung der Taufgnade (vgl. Apg 8, 15-17; 19, 5 f.). So wird im Hebräerbrief unter den Elementen der ersten christlichen Unterweisung die Lehre von der Taufe und von der Auflegung der Hände genannt (vgl. Hbr 6, 2). Diese Auflegung der Hände wird in der katholischen Überlieferung zu Recht als Anfang des Firmsakramentes betrachtet, das die Pfingstgnade in der Kirche auf eine gewisse Weise fortdauern lässt.

Von daher wird die besondere Bedeutung der Firmung unter den Initiationssakramenten offenbar, durch welche die Gläubigen als „Glieder des lebendigen Christus ihm in Taufe, Firmung und Eucharistie eingegliedert und gleichgestaltet" werden...

Durch das Sakrament der Firmung empfangen die in der Taufe Wiedergeborenen die unsagbar große Gabe, den Heiligen Geist, durch den sie „mit einer besonderen Kraft ausgestattet" und - durch das Prägemal dieses Sakramentes besiegelt - „vollkommener der Kirche verbunden" und „strenger verpflichtet werden, den Glauben als wahre Zeugen Christi in Wort und Tat zu verbreiten und zu verteidigen". Schließlich steht die Firmung mit der Eucharistie so eng in Verbindung, dass die Gläubigen, die bereits durch Taufe und Firmung besiegelt sind, im Empfang der Eucharistie dem Leibe Christi voll eingefügt werden.

Im Westen hingegen waren die Worte des Ritus, der die Taufe vollendet, bis zum 12. und 13. Jahrhundert weniger genau festgelegt. Im *Pontifikale Romanum* des 12. Jh. begegnet zum erstenmal die Formel, die später allgemein üblich wird: „*Ich besiegle dich mit dem Zeichen des Kreuzes und firme dich mit dem Chrisam des Heiles. Im Namen des Vaters und des Sohnes und des Heiligen Geistes.*"

Aus dem bisher Gesagten wird deutlich, dass bei der Firmung die Salbung mit Chrisam die apostolische Handauflegung in gewissem Sinn darstellt und im Osten und Westen - wenn auch aus verschiedenen Gründen - den ersten Platz einnimmt. Da diese Salbung mit Chrisam die Salbung mit dem Heiligen Geist, der den Gläubigen gegeben wird, treffend versinnbildlicht, wollen Wir ihr Weiterbestehen und ihre Bedeutung gewahrt wissen.

Bei den Worten zur Salbung mit Chrisam haben Wir durchaus den Wert der Spendeformel bedacht, die in der Lateinischen Kirche gebraucht wird. Dennoch sind Wir der Auffassung, es sei ihr die alte Formel des byzantinischen Ritus vorzuziehen, in der die Gabe des Heiligen Geistes ausgedrückt wird und die an die Sendung des Geistes am Pfingstfest erinnert (vgl. Apg. 2, 1-4.38).

Das Sakrament der Firmung wird gespendet durch die Salbung mit Chrisam auf der Stirn unter Auflegen der Hand und durch die Worte: „*Sei besie-*

gelt durch die Gabe Gottes, den Heiligen Geist" („*Accipe Signaculum Doni Spiritus Sancti*").

Das Ausbreiten der Hände über die Firmlinge, welches das vorgeschriebene Gebet vor der Chrisamsalbung begleitet, zählt zwar nicht zum Wesen des sakramentalen Ritus, ist aber trotzdem von großer Bedeutung, da es zur Vollgestalt des Ritus gehört und zum umfassenderen Verständnis des Sakramentes beiträgt. Selbstverständlich unterscheidet sich dieses vorausgehende Ausbreiten der Hände vom Auflegen der Hand, mit dem die Chrisamsalbung auf der Stirn vollzogen wird.

In Novo Testamento declaratur, quomodo Spiritus Sanctus Christo ad munus messianicum implendum adfuerit. Jesus enim, baptismate Johannis suscepto, vidit Spiritum descendentem in ipsum (cf. Mc 1, 10), qui mansit super eum (cf. Joh 1, 32). Ab illo vero Spiritu est impulsus, ut, eiusdem praesentia et auxilio innixus, Messiae ministerium palam aggrederetur. Cum Nazarethanum populum salubriter erudiret, Isaiae oraculum *Spiritus Domini super me* ad se referri dicendo adumbravit (cf. Lc 4, 17-21).

Promisit deinde discipulis suis Spiritum Sanctum ipsos quoque adiuturum esse, ut etiam coram persecutoribus fidem audenter testarentur (cf. Lc 12, 12). Pridie autem quam pateretur, asseveravit Apostolis se missurum esse a Patre Spiritum veritatis (cf. Joh 15, 26) qui cum iis *in aeternum* maneret (Joh 14, 16) iisque auxilio esset ad perhibendum testimonium de ipso (cf. Joh 15, 26). Demum postquam resurrexit, Christus pollicitus est proximum Spiritus Sancti descensum: *Accipietis virtutem supervenientes Spiritus Sancti in vos et eritis mihi testes* (Act 1, 8; Lc 24, 49).

Re quidem vera die festo Pentecostes Spiritus Sanctus mirabili prorsus modo descendit in Apostolos, cum Maria Matre Jesu coetuque discipulorum congregatos; qui ita tum eo repleti sunt (Act 2, 4), ut divino impetu afflati *magnalia Dei* annuntiarent. Petrus autem Spiritum, qui sic super Apostolos descendit, donum aetatis messianicae habuit (cf. Act 2, 17-18). Tunc baptizati sunt ii, qui praedicationi apostolicae crediderunt, qui et ipsi acceperunt *donum Spiritus Sancti* (Act 2, 38). Ex quo tempore Apostoli, Christi voluntatem implentes, Spiritus donum, quod Baptismi gratiam compleret, neophytis manuum impositione impertierunt (cf. Act 8, 15-17; Act 19, 5 sq.). Sic factum est, ut in Epistula ad Hebreaos, inter primae institutionis christianae elementa, recenseretur doctrina baptismatum et impositionis quoque manuum (cf. Hbr 6, 2). Quae manuum impositio ex traditione catholica merito agnoscitur initium Sacramenti Confirmationis, quod gratiam pentecostalem in Ecclesia quodam modo perpetuat.

Hinc patefit proprium Confirmationis momentum ad sacramentalem initiationem, qua fideles *ut membra viventis Christi, Ipsi per Baptismum necnon per Confirmationem et Eucharistiam incorporantur et configurantur*[105]. ...

---

[105]   VATICANUM II, *Ad gentes*, 36

Per Confirmationis sacramentum Baptismo renati Donum ineffabile, ipsum Spiritum Sanctum, accipiunt, quo *speciali ... robore ditantur*[106], atque, eiusdem Sacramenti charactere signati, *perfectius Ecclesiae vinculantur et ad fidem tamquam veri testes Christi verbo et opere simul diffundendam et defendendam arctius obligantur*[107]. Demum Confirmatio cum Sacra Eucaristia *ita cohaeret, ut fideles, iam Sacro Baptismate et Confirmatione signati, plene per participationem Eucharistiae Corpori Christi inserantur*[108].

In Occidente autem verba ritus, Baptismum complentis, usque ad saeculum duodecimum et tertium decimum minus definita sunt. Verum in Pontificali Romano saeculi duodecimi primum occurit formula, quae postea effecta est communis: *Signo te signo crucis et confirmo te chrismate salutis. In nomine Patris et Filii et Spiritus Sancti.*

Ex iis, quae in memoriam revocavimus, liquet in actione confirmandi in Oriente et Occidente, alia sane ratione, primum locum obtinuisse chrismationem, quae apostolicam manuum impositionem quodam modo repraesentat. Cum autem ea chrismatis unctio spiritualem Sancti Spiritus, qui fidelibus datur, unctionem, apte significet, Nos confirmatam volumus eiusdem exsistentiam et monumentum.

Quod ad verba attinet, quae in chrismatione proferuntur, dignitatem venerabilis formulae, quae in Ecclesia Latina adhibetur, aequa aestimatione perpendimus quidem; ei tamen praeferendam censemus antiquissimam formulam ritus Byzantini propriam, qua Donum ipsius Spiritus Sancti exprimitur atque effusio Spiritus die Pentecostes peracta recolitur (cf. Act 2, 1-4.38). ...

Sacramentum Confirmationis confertur per unctionem chrismatis in fronte, quae fit manus impositione, atque per verba: „*Accipe Signaculum Doni Spiritus Sancti*".

Impositio vero manuum super electos, quae cum praescripta oratione ante chrismationem fit, etsi ad essentiam ritus sacramentalis non pertinet, est tamen magni aestimanda, utpote quae ad eiusdem ritus integram perfectionem et ad pleniorem Sacramenti intellegentiam conferat. Patet eam manuum impositionem, quae praecedit, differre a manus impositione, qua unctio chrismatis fit in fronte.

112. Pontificale Romanum, *Ordo confirmationis* (22. 8. 1971)[109]

Lasset uns beten zu Gott, dem allmächtigen Vater, dass er den Heiligen Geist in Fülle herabsende auf diese seine Adoptivkinder, die bereits in der Taufe wiedergeboren sind zu ewigem Leben. Der Heilige Geist stärke sie

---

[106]   Cf. VATICANUM II, *Lumen gentium*, 11

[107]   Cf. VATICANUM II, *Ad gentes*, 11

[108]   Cf. VATICANUM II, *Presbyterorum ordinis*, 5

[109]   Ed. Vat. 1971, p. 26: impositio manuum. (Vgl. *Die Feier der Firmung in den katholischen Bistümern des deutschen Sprachgebietes,*, hrsg. im Auftrag der deutschsprachigen Bischofskonferenzen, Einsiedeln, 1971, 35

durch die Fülle seiner Gaben und mache sie durch seine Salbung Christus, dem Sohne Gottes, gleichförmig.

Oremus, dilectissimi, Deum Patrem omnipotentem, ut super hos filios adoptionis suae, iam in Baptismate aeternae vitae renatos, Spiritum Sanctum benignus effundat, qui illos abundantia suorum confirmet donorum, et unctione sua Christi, Filii Dei, conformes perficiat.

113. Pontificale Romanum, *Ordo confirmationis* (22. 8. 1971)[110]

Allmächtiger Gott, Vater unseres Herrn Jesus Christus, du hast diese Deine Diener in der Taufe von der Schuld Adams befreit und ihnen neues Leben geschenkt aus dem Wasser und dem Heiligen Geist. Wir bitten dich, Herr, sende ihnen den Heiligen Geist, den Beistand. Gib ihnen den Geist der Weisheit und des Verstandes, den Geist des Rates und der Stärke, den Geist der Wissenschaft und der Frömmigkeit, und erfülle sie mit dem Geist der Gottesfurcht. Durch Christus, unsern Herrn.

Deus omnipotens, Pater Domini nostri Jesu Christi, qui hos famulos tuos regenerasti ex aqua et Spiritu Sancto, liberans eos a peccato, tu, Domine, immitte in eos Spiritum Sanctum Paraclitum; da eis spiritum sapientiae et intellectus, spiritum consilii et fortitudinis, spiritum scientiae et pietatis, adimple eos spiritu timoris tui. Per Christum Dominum nostrum. Amen

114. Pontificale Romanum, *Ordo confirmationis* (22. 8. 1971), *Feierlicher Schlusssegen*[111]

„Es segne euch Gott, der allmächtige Vater. Durch die Wiedergeburt aus dem Wasser und dem Heiligen Geist hat er euch zu seinen Söhnen und Töchtern berufen. Er bewahre euch in seiner väterlichen Liebe. –Amen.

Es segne euch Jesus Christus, Gottes eingeborener Sohn. Er hat verheißen, dass der Geist der Wahrheit stets in seiner Kirche bleiben wird. Er stärke euch durch seine Kraft im Bekenntnis des wahren Glaubens. – Amen

Es segne euch der Heilige Geist, der in den Herzen der Jünger das Feuer der Liebe entzündet. Er bewahre euch in der Gemeinschaft des Gottesvolkes und führe euch zur ewigen Freude. – Amen

---

[110] Ebd.

[111] *Ordo confirmationis*, (22. 8. 1971), editio typica, p. 38-39. Vgl. *Die Feier der Firmung in den katholischen Bistümern des deutschen Sprachgebietes*, hrsg. im Auftrag der Bischofskonferenzen Deutschlands, Österreichs und der Schweiz, Freiburg 1971, S. 37-38

Es segne euch der allmächtige Gott, + der Vater und der Sohn und der Heilige Geist.

Oder:

Gütiger Gott, stärke und bewahre, was Du in uns gewirkt hast. Erhalte die Gaben des Heiligen Geistes in den Herzen Deiner Gläubigen, damit sie vor aller Welt Christus den Gekreuzigten, bekennen, ihn lieben und seine Gebote erfüllen. Durch ihn, Christus, unseren Herrn. – Amen .

Benedicat vos Deus Pater omnipotens, qui vos, ex aqua et Spiritu Sancto renatos, filios suae adoptionis effecit, et dignos sua paterna dilectione custodiat. – Amen.

Benedicat vos Filius eius unigenitus, qui Spiritum veritatis in ecclesia mansurum esse promisit, et vos inconfessione verae fidei sua virtute confirmet. Amen.

Benedicat vos Spiritus Sanctus, qui ignem caritatis in cordibus discipulorum accendit, et vos, in unum congregatos, ad gaudium regni Dei sine offensione perducat.- Amen.

Benedicat vos omnipotens Deus, Pater, et Filius, + et Spiritus Sanctus. Amen.

Oratio super populum.

Confirma hoc, Deus, quod operatus es in nobis, et Spiritus Sancti dona in cordibus tuorum custodi fidelium, ut et Christum crucifixum coram mundo confiteri non erubescant, et mandata eius devota caritate perficiant. Per Christum Dominumn nostrum. Amen.

115. **Pontificale Romanum,** *Modellansprache*[112]

Die Apostel haben am Pfingsttag den Heiligen Geist empfangen, wie es der Herr versprochen hatte. Sie waren auch bevollmächtigt, die Taufe durch die Gabe des Heiligen Geistes zu vollenden, wie uns die Apostelgeschichte berichtet. Als der heilige Paulus Getauften die Hände auflegte, kam der Heilige Geist über sie, und sie verkündeten in vielfacher Weise die Großtaten Gottes.

Den Bischöfen als den Nachfolgern der Apostel ist die gleiche Vollmacht gegeben, sei es in eigener Person, sei es durch beauftragte Priester, den Heiligen Geist auf jene herabzurufen, die durch die Taufe schon zu neuem Leben wiedergeboren sind.

Wenn auch die Herabkunft des Heiligen Geistes sich nicht mehr durch besondere Sprachengaben zeigt, so wissen wir doch aus dem Glauben, dass

---

[112]   *Die Feier der Firmung in den katholischen Bistümern des deutschen Sprachgebietes,* hrsg. Im Auftrag der Bischofskonferenzen Deutschlands, Österreichs und der Schweiz, Freiburg 1971, S. 41-42

auch wir den Heiligen Geist empfangen. Er erfüllt uns mit der Liebe Gottes, und bei aller Vielfalt der Berufungen führt er uns in der Einheit des Glaubens zusammen; auf geheimnisvolle Weise heiligt und eint er die Kirche.

Wenn euch heute der Heilige Geist geschenkt wird, empfangt ihr ein geistliches Zeichen. Denn auf vollkommenere Weise werdet ihr Christus ähnlich und in seine Kirche eingegliedert. Als Christus von Johannes die Taufe empfangen hatte, wurde auch er mit dem Heiligen Geist gesalbt und gesandt, das Feuer dieses Geistes in die ganze Welt hinauszutragen.

Ihr habt die Taufe empfangen. Nun soll euch in der Firmung die Kraft des Heiligen Geistes Christi geschenkt werden, und ihr werdet auf der Stirn mit seinem Kreuz bezeichnet. Denn vor der Welt sollt ihr Zeugen seines Leidens und seiner Auferstehung sein. Durch euch sollen die Menschen erfahren, was es heißt, als Christ zu leben. Die Kirche, das Volk Gottes empfängt von ihrem Herrn verschiedene Gnadengaben, von denen der Heilige Geist einem jeden zuteilt, damit so der mystische Leib Christi zu immer größerer Einheit und Liebe heranwachse.

Seid darum lebendige Glieder dieser Kirche und bemüht euch, unter der Führung des Heiligen Geistes allen Menschen zu dienen, gleichwie Christus, der nicht gekommen ist, sich bedienen zu lassen, sondern zu dienen.

116. Papst Paul VI (4. 12. 1971), *Ansprache für Arbeiterseelsorger*[113]

Die Laien sind dazu berufen, mit ihrer persönlichen oder gemeinsamen Anstrengung mitzuwirken an der Pastoral in der Welt, in der sie arbeiten; sie geben in der sozialen Aktion das christliche Zeugnis, zu dem sie die Gnade der Taufe und der Firmung befähigt und weiht, die sie teilhaben lässt am Leben der Kirche und direkt verantwortlich sein lässt für das Heil der Brüder durch das Apostolat und das gute Beispiel.

I laici, con loro sforzo o personale o congiunto, sono chiamati a collaborare alla pastorale nel mondo ove lavorano, e danno nell'azione sociale la testimonianza cristiana, a cui li abilita e consacra la grazia del Battesimo e della Cresima, che li rende partecipi della vita della Chiesa e direttamente responsabili della salvezza dei fratelli mediante l'apostolato e il buon esempio.

---

[113]   Insegnamenti di Paolo VI, XI, 1056

117. Escrivà de Balaguer, Josemaría (4. 4. 1974), *Homilie am Palm-sonntag. Der innere Kampf*[114]

Ohne den Empfang der Sakramente schwindet jedes wahre christliche Leben. Und dennoch kann man nicht übersehen, dass es gerade in unserer Zeit nicht wenige gibt, die diesen Gnadenstrom der Erlösung Christi zu vergessen oder gar zu verachten scheinen. Es ist zwar schmerzlich, auf diese offene Wunde einer Gesellschaft, die sich christlich nennt, den Finger zu legen, aber es ist notwendig, damit wir in uns den Wunsch stärken, mit mehr Liebe und Dankbarkeit diese Quellen der Heiligung aufzusuchen. Bedenkenlos schiebt man die Taufe der Neugeborenen hinaus und beraubt sie so - indem man schwer gegen die Liebe und Gerechtigkeit verstößt - der Gnade des Glaubens und der Einwohnung der Allerheiligsten Dreifaltigkeit, dieses unermesslichen Schatzes der Seele, die befleckt mit der Erbsünde zur Welt kommt. Ebenso geht man daran, das Wesen der Firmung in Frage zu stellen. Die Tradition hat immer einmütig in diesem Sakrament eine Stärkung des geistlichen Lebens gesehen und eine stille, fruchtbare Eingießung des Heiligen Geistes, damit die Seele, übernatürlich gekräftigt, als *miles Christi* in diesem inneren Kampf gegen Egoismus und Begierlichkeit bestehen kann.

Si se abandonan los Sacramentos, desaparece la verdadera vida cristiana. Sin embargo, no se nos oculta que particularmente en esta época nuestra no faltan quienes parece que olvidan, y que llegan a despreciar, esta corriente redentora de la gracia de Cristo. Es doloroso hablar de esta llaga de la sociedad que se llama cristiana, pero resulta necesario, para que en nuestras almas se afiance el deseo de acudir con más amor y gratitud a esas fuentes de santificación. Deciden sin el menor escrúpulo retardar el bautismo de los recién nacidos, privándoles -con un grave atentado contra la justicia y contra la caridad- de la gracia de la fe, del tesoro incalculable de la inhabitación de la Trinidad Santísima en el alma, que viene al mundo manchada por el pecado original. Pretenden también desvirtuar la naturaleza propia del Sacramento de la Confirmación, en el que la Tradición unánimemente ha visto siempre un robustecimiento de la vida espiritual, una efusión callada y fecunda del Espíritu Santo, para que, fortalecida sobrenaturalmente, pueda el alma luchar -miles Christi, como soldado de Cristo- en esa batalla interior contra el egoísmo y la concupiscencia.

---

[114]   ESCRIVÀ DE BALAGUER, JOSEMARIA, *Es Cristo que pasa. Homilías*, n. 78, [24]Madrid 1976, (*Christus begegnen. Homilien*, Adamas-Verlag, [5]Köln 1978, S. 192-193)

118. Papst Johannes Paul II, (27. 5. 1979), *Ansprache beim Regina coeli*[115]

In der Tat, die Herabkunft des Heiligen Geistes in der Firmung, mit seinen Gaben und eigenen Gnadenfrüchten hat als spezifisches Ziel die Bildung von mündigen und verantwortlichen Christen, so wie es die Apostel schließlich nach dem Abendmahl geworden sind. Wie bei ihnen kommt die Reife der Gefirmten in einem bewussten und aktiven Apostolat zum Ausdruck als tatkräftiges Zeugnis vom auferstandenen Herrn und seinem Evangelium. Und hier ist es, wo letztlich das notwendige Apostolat der Laien in der Kirche zum Ausdruck kommt. Deshalb ist eine solide Vorbereitung unverzichtbar, aus Gebet, Nachdenken und Vertiefung des Glaubens. Das Christenleben gestaltet sich nicht von allein, sondern erfordert eine wahre und eigentliche Bewusstmachung. Das empfangene Sakrament drängt aus seiner eigenen Natur aus dahin, sich im Leben eines jeden auszudrücken. Dies wird zu einer größeren Treue in der Katechese führen, zu einer lebendigeren Teilnahme an den religiösen Praktiken und zu einem einheitlicheren Verhalten im Leben des Alltags.

Infatti, la discesa dello Spirito Santo nella Cresima, con i suoi doni ed i suoi frutti propri, ha come obiettivo specifico la formazione di cristiani maturi e responsabili, così come lo furono finalmente gli Apostoli all'uscita dal Cenacolo. Come per loro, anche la maturità dei Cresimati si esprime nell'apostolato cosciente e attivo, quale vigorosa testimonianza del Signore Risorto e del suo Vangelo. Ed è qui che si fonda in ultima analisi il necessario apostolato dei Laici nella Chiesa. Per questo è indispensabile una solida preparazione, fatta di preghiera, di riflessione, di approfondimento della fede. La vita cristiana, infatti non si improvvisa, ma richiede una vera e propria coscientizzazione. Da parte sua, il Sacramento ricevuto tende per propria natura a tradursi nella vita di ciascuno; esso dovrà portare ad una maggiore fedeltà nella catechesi, ad una più viva partecipazione alle pratiche religiose, ad un più coerente comportamento nell'esistenza quotidiana.

119. Papst Johannes Paul II, (31. 5. 1987), *Predigt im Petersdom zur Firmung*[116]

Wie Ostern in Pfingsten seine Vervollkommnung findet, so vervollständigt sich die Taufe in der Firmung. Durch die Firmung soll sich - durch das Wirken des Heiligen Geistes - in jedem Getauften eine Glaubensreife heranbilden, ähnlich jener, die sich in den Aposteln am Pfingsttag gezeigt hat.

---

[115]   Insegnamenti di Giovanni Paolo II, t. 2 (1979) p. 1326

[116]   OssRom ital. 1./2. 6. 1987, OssRom dt 7. 8. 1987; Insegnamenti di Giovanni Paolo II, X, 2 (1987) 1914-1915

Wenn ihr heute dieses Sakrament empfangt, seid euch dessen bewusst, dass die Kirche durch die Worte des Bischofs mit und für euch betet:

„Allmächtiger Gott, Vater unseres Herrn Jesus Christus, du hast diese deine Söhne und Töchter in der Taufe von der Schuld Adams befreit, du hast ihnen aus dem Wasser und dem Heiligen Geist neues Leben geschenkt. Wir bitten dich, Herr, sende ihnen den Heiligen Geist, den Beistand[117]"

Und seid euch ebenso dessen bewusst, dass Christus beim Vater für sie bittet, so wie er es im Abendmahlssaal am Vorabend seines Leides tat: „*Für sie bitte ich*" (Joh 17, 9).

Als Christus diese Welt verließ, betete er für seine Jünger, für jene, die damals bei ihm waren, und für alle bis zum Ende der Welt: „*Ich bitte für alle, die durch ihr Wort an mich glauben*" (Joh 17, 20).

In diesem Bewusstsein empfangt heute die heilige Firmung. Die Salbung, die ihr in wenigen Augenblicken erhalten werdet, möge euch hineinnehmen in den Strom des hohepriesterlichen Gebets Christi, des Gebetes, das von Generation zu Generation fortdauert.

Wenn die Firmpaten und -patinnen, die Zeugen der Firmung, ihre Hand auf die Schulter jedes und jeder einzelnen von euch legen, vollziehen sie eine Geste, die auch in bestimmter Weise die Fortdauer des Glaubens und des Zeugnisses zum Ausdruck bringt, die in der Kirche seit dem Pfingsttag besteht.

Deshalb sollt auch ihr im Glauben gestärkt werden. Auch ihr sollt Zeugen des Gekreuzigten und Auferstandenen werden, wie es die Apostel am Pfingsttag wurden. Zeuge sein heißt, in der Wahrheit Christi gestärkt zu werden, um dann die anderen zu stärken.

Come la Pasqua trova il suo completamento nella Pentecoste, così il sacramento del Battesimo si completa nella Cresima. Mediante la Cresima in ogni battezzato deve confermarsi – per opera dello Spirito Santo – una maturità della fede simile a quella che si è manifestata negli Apostoli il giorno della Pentecoste.

3. Voi che ricevete oggi questo Sacramento siate consapevoli che con le parole del Vescovo prega con voi e per voi tutta la Chiesa:

„Dio onnipotente, Padre del Signore nostro Gesù Cristo, che hai rigenerato questi tuoi figli dall'aqua e dallo Spirito Santo liberandoli dal peccato, infondi in loro il tuo Spirito Santo Paraclito[118]".

---

[117] Vgl. *Firmritus*, Nr. 25

[118] Cf. *Ordo confirmationis*, 25

E nello stesso tempo siate consapevoli che è Cristo che prega per voi il Padre così come ha pregato nel Cenacolo la vigilia della sua passione: „*Io prego per loro*" (Joh 17, 9).

Partendo da questo mondo Cristo ha pregato per i suoi discepoli, quelli che allora erano con lui e per tutti fino alla fine del mondo: prego „*per quelli che per la loro parola crederanno in me*" (Joh 17, 20).

Con tale coscienza ricevete oggi la sacra Confermazione. L'unzione, che riceverete fra alcuni instanti, vi inserisca nella corrente dell' preghiera sacerdotale di Cristo. Della preghiera che continua di generazione in generazione.

Quando i padrini e le madrine, testimoni della Cresima, mettono le mani sulle spalle di ciascuno e di ciascuna di voi, compiono un gesto che è anche una certa espressione della continuità della fede e della testimonianza, la quale dura nella Chiesa sin dal giorno della Pentecoste.

Quindi anche voi dovete essere fortificati nella fede. Anche voi dovete diventare testimoni del Crocifisso e Risorto così come il giorno di Pentecoste lo diventarono gli Apostoli. Essere testimone vuol dire essere fortificato nella verità di Cristo per poter, in seguito, fortificare gli altri.

120. Codex Iuris Canonici (1983), Can. 530 n. 1-2

Dem Pfarrer in besonderer Weise aufgetragene Amtshandlungen sind folgende: […] 2. die Spendung des Sakramentes der Firmung an jene, die sich in Todesgefahr befinden, nach Maßgabe des Can. 883, n. 3.

Functiones specialiter parocho commissae sunt quae sequuntur: […] 2. administratio sacramenti confirmationis iis qui in periculo mortis versantur, ad normam Can. 883, n. 3

121. Codex Iuris Canonici (1983), Can. 842 § 2

Die Sakramente der Taufe, der Firmung und der heiligsten Eucharistie sind so eng miteinander verbunden, dass sie zur vollen christlichen Initiation erforderlich sind.

Sacramenta baptismi, confirmationis et sanctissimae Eucharistiae ita inter se coalescunt, ut ad plenam initiationem christianam requirantur.

122. Codex Iuris Canonici (1983), *Can. 845 § 1*

Die Sakramente der Taufe, der Firmung und der Weihe können nicht wiederholt werden, da sie ein Merkmal einprägen.

Sacramenta baptismi, confirmationis et ordinis, quippe quae characterem imprimant, iterari nequeunt.

123. Codex Iuris Canonici (1983), *De sacramento confirmationis*, Can. 879

Das Sakrament der Firmung, das ein Merkmal einprägt, beschenkt die Getauften, die auf dem Weg der christlichen Initiation voranschreiten, mit der Gabe des Heiligen Geistes und verbindet sie vollkommener mit der Kirche; es stärkt sie und verpflichtet sie noch mehr dazu, sich in Wort und Tat als Zeugen Christi zu erweisen sowie den Glauben auszubreiten und zu verteidigen.

Sacramentum confirmationis, quod characterem imprimit et quo baptizati, iter initiationis christianae prosequentes, Spiritus Sancti dono ditantur atque perfectius Ecclesiae vinculantur, eosdem roborat arctiusque obligat ut verbo et opere testes sint Christi fidemque diffundant et defendant.

124. Codex Iuris Canonici (1983), *De confirmationis celebratione*, Can 880-881

Canon 880 § 1: Das Sakrament der Firmung wird gespendet durch die mit Chrisam auf der Stirn erfolgende Salbung, die unter Auflegung der Hand vollzogen wird, und durch die in den gebilligten liturgischen Büchern vorgeschriebenen Worte.

Sacramentum confirmationis confertur per unctionem chrismatis in fronte, quae fit manus impositione atque per verba in probatis liturgicis libris praescripta.

Canon 880 § 2: Das Chrisam, das beim Sakrament der Firmung zu verwenden ist, muss vom Bischof geweiht sein, auch wenn das Sakrament von einem Priester gespendet wird.

Chrisma in sacramento confirmationis adhibendum debet esse ab Episcopo consecratum, etiamsi sacramentum a presbytero ministretur.

Canon 881: Es empfiehlt sich, daß das Sakrament der Firmung in der Kirche, und zwar während der Messe gefeiert wird; aus gerechtem und vernünftigem Grund darf es jedoch außerhalb der Messe und an jedem würdigen Ort gefeiert werden.

Expedit ut confirmationis sacramentum in ecclesia, et quidem intra celebrandis sunt servandi; quare leges liturgicae hucusque Missam et quolibet loco digno celebrari potest.

125. Codex Iuris Canonici (1983), *De confirmationis ministro*, Can. 882-888

Can. 882: Der ordentliche Spender der Firmung ist der Bischof; gültig spendet dieses Sakrament auch der Priester, der mit dieser Befugnis kraft allgemeinen Rechts oder durch besondere Verleihung der zuständigen Autorität ausgestattet ist.

Confirmationis minister ordinarius est Episcopus; valide hoc sacramentum confert presbyter quoque hac facultate vi iuris universalis aut peculiaris concessionis competentis auctoritatis instructus.

Canon 883: Die Befugnis, die Firmung zu spenden, haben von Rechts wegen:

1° innerhalb der Grenzen ihres Bereichs jene, die vom Recht dem Diözesanbischof gleichgestellt sind;

2° für die betreffende Person der Priester, der kraft seines Amtes oder im Auftrag des Diözesanbischofs jemand, der dem Kindesalter entwachsen ist, tauft oder als bereits Getauften in die volle Gemeinschaft der katholischen Kirche aufnimmt;

3° für jene, die sich in Todesgefahr befinden, der Pfarrer und sogar jeder Priester

Ipso iure facultate confirmationem ministrandi gaudent:

1_ intra fines suae dicionis, qui iure Episcopo dioecesano aequiparantur;

2_ quoad personam de qua agitur, presbyter qui, vi officii vel mandati Episcopi dioecesani, infantia egressum baptizat aut iam baptizatum in plenam Ecclesiae catholicae communionem admittit;

3_ quoad eos qui in periculo mortis versantur, parochus, immo quilibet presbyter.

Canon 884 § 1: Der Diözesanbischof hat die Firmung persönlich zu spenden oder dafür zu sorgen, daß sie durch einen anderen Bischof gespendet wird; wenn eine Notlage es erfordert, kann er einem oder mehreren bestimmten Priestern die Befugnis verleihen, die dieses Sakrament zu spenden haben.

Episcopus dioecesanus confirmationem administret per se ipse aut curet ut per alium Episcopum administretur; quod si necessitas id requirat, facultatem concedere potest uni vel pluribus determinatis presbyteris, qui hoc sacramentum administrent.

Canon 885 § 1: Der Diözesanbischof ist verpflichtet, dafür zu sorgen, daß das Sakrament der Firmung den Untergebenen gespendet wird, die in rechter und vernünftiger Weise darum bitten.

Episcopus dioecesanus obligatione tenetur curandi ut sacramentum confirmationis subditis rite et rationabiliter petentibus conferatur.

Canon 886 § 1: Der Bischof spendet in seiner Diözese das Sakrament der Firmung rechtmäßig auch den Gläubigen, die ihm nicht untergeben sind, außer es steht dem ein ausdrückliches Verbot ihres eigenen Ordinarius entgegen.

Episcopus in sua dioecesi sacramentum confirmationis legitime administrat etiam fidelibus non subditis, nisi obstet expressa proprii ipsorum Ordinarii prohibitio.

126. Codex Iuris Canonici (1983), *De confirmandis*, Can. 889-891 § 1

Can. 889 § 1: Fähig zum Empfang der Firmung ist jeder Getaufte, der noch nicht gefirmt ist, und allein dieser.

Confirmationis recipiendae capax est omnis et solus baptizatus, nondum confirmatus.

Canon 889 § 2: Außer in Todesgefahr ist zum erlaubten Empfang der Firmung erforderlich, daß jemand, falls er über den Vernunftgebrauch verfügt, angemessen unterrichtet und recht disponiert ist und die Taufversprechen zu erneuern vermag.

Extra periculum mortis, ut quis licite confirmationem recipiat, requiritur, si rationis usu polleat, ut sit apte institutus, rite dispositus et promissiones baptismales renovare valeat.

Can. 890: Die Gläubigen sind verpflichtet, dieses Sakrament rechtzeitig zu empfangen; die Eltern und die Seelsorger, vor allem die Pfarrer, haben dafür zu sorgen, dass die Gläubigen für seinen Empfang gebührend unterrichtet werden und zur rechten Zeit darauf zugehen.

Fideles tenentur obligatione hoc sacramentum tempestive recipiendi; curent :parentes, animarum pastores, praesertim parochi, ut fideles ad illud recipiendum rite instruantur et opportuno tempore accedant.

Can. 891: Das Sakrament der Firmung ist den Gläubigen um das Unterscheidungsalter zu spenden, wenn nicht die Bischofskonferenz ein anderes Alter festgesetzt hat oder Todesgefahr besteht oder nach dem Urteil des Spenders ein schwerwiegender Grund etwas anderes anrät.

Sacramentum confirmationis conferatur fidelibus circa aetatem discretionis, nisi Episcoporum conferentia aliam aetatem determinaverit, aut adsit periculum mortis vel, de iudicio ministri, gravis causa aliud suadeat.

127. Codex Iuris Canonici (1983), *De patrinis*, Can. 892-893

Can. 892: Dem Firmling soll, soweit dies geschehen kann, ein Pate zur Seite stehen; dessen Aufgabe ist es, dafür zu sorgen, daß der Gefirmte sich wie ein wahrer Zeuge Christi verhält und die Verpflichtungen, die mit diesem Sakrament verbunden sind, getreu erfüllt.

Confirmando, quantum id fieri potest, adsit patrinus, cuius est curare ut confirmatus tamquam verus Christi testis se gerat obligationesque eidem sacramento inhaerentes fideliter adimpleat.

Can. 893 § 1: Damit jemand den Patendienst ausüben darf, muß er die in Can. 874 genannten Voraussetzungen erfüllen[119].

Ut quis patrini munere fungatur, condiciones adimpleat oportet, de quibus in Can. 874[120].

Can. 893 § 2: Es empfiehlt sich, daß als Pate herangezogen wird, wer denselben Dienst bei der Taufe übernommen hat.

Expedit ut tamquam patrinus assumatur qui idem munus in baptismo suscepit.

---

[119] CIC, Can. 874 § 1: Damit jemand zur Übernahme des Patendienstes zugelassen wird, ist erforderlich:

1° er muß vom Täufling selbst bzw. von dessen Eltern oder dem, der deren Stelle vertritt, oder, wenn diese fehlen, vom Pfarrer oder von dem Spender der Taufe dazu bestimmt sein; er muß zudem geeignet und bereit sein, diesen Dienst zu leisten;

2° er muß das sechzehnte Lebensjahr vollendet haben, außer vom Diözesanbischof ist eine andere Altersgrenze festgesetzt oder dem Pfarrer oder dem Spender der Taufe scheint aus gerechtem Grund eine Ausnahme zulässig;

3° er muß katholisch und gefirmt sein sowie das heiligste Sakrament der Eucharistie bereits empfangen haben; auch muß er ein Leben führen, das dem Glauben und dem zu übernehmenden Dienst entspricht;

4° er darf mit keiner rechtmäßig verhängten oder festgestellten kanonischen Strafe behaftet sein;

5° er darf nicht Vater oder Mutter des Täuflings sein.

§ 2. Ein Getaufter, der einer nichtkatholischen kirchlichen Gemeinschaft angehört, darf nur zusammen mit einem katholischen Paten, und zwar nur als Taufzeuge, zugelassen werden.

[120] CIC, Can. 874 § 1: Ut quis ad munus patrini suscipiendum admittatur, oportet:

1_ ab ipso baptizando eiusve parentibus aut ab eo qui eorum locum tenet aut, his deficientibus, a parocho vel ministro sit designatus atque aptitudinem et intentionem habeat hoc munus gerendi;

2_ decimum sextum aetatis annum expleverit, nisi alia aetas ab Episcopo dioecesano statuta fuerit vel exceptio iusta de causa parocho aut ministro admittenda videatur;

3_ sit catholicus, confirmatus et sanctissimum Eucharistiae sacramentum iam receperit, idemque vitam ducat fidei et muneri suscipiendo congruam;

4_ nulla poena canonica legitime irrogata vel declarata sit innodatus;

5_ non sit pater aut mater baptizandi.

§ 2. Baptizatus ad communitatem ecclesialem non catholicam pertinens, nonnisi una cum patrino catholico, et quidem ut testis tantum baptismi, admittatur.

128. Codex Iuris Canonici (1983), *Can. 1033*

Erlaubt werden Weihen nur jemandem erteilt, der das Sakrament der heiligen Firmung empfangen hat.

Licite ad ordines promovetur tantum qui recepit sacrae confirmationis sacramentum.

129. Codex Iuris Canonici (1983), *Can. 1065 § 1*

Katholiken, die das Sakrament der Firmung noch nicht empfangen haben, sollen es noch vor der Zulassung zur Eheschließung empfangen, wenn dies ohne große Beschwernis geschehen kann.

Catholici qui sacramentum confirmationis nondum receperint, illud, antequam ad matrimonium admittantur, recipiant, si id fieri possit sine gravi incommodo.

130. Papst Johannes Paul II, (1. 4. 1992), *Ansprache bei der Generalaudienz*[121]

[...] Wir lesen in *Lumen gentium*: „Durch das Sakrament der Firmung werden sie (die getauften Gläubigen) vollkommener der Kirche verbunden und mit einer besonderen Kraft des Heiligen Geistes ausgestattet. So sind sie in strengerer Weise verpflichtet, den Glauben als wahre Zeugen Christi in Wort und Tat zugleich zu verbreiten und zu verteidigen"[122].

Ein erstes Zeugnis dieses Sakramentes erscheint in der Apostelgeschichte. Dort wird erzählt, dass der Diakon Philippus (nicht identisch mit dem Apostel Philippus), einer der sieben von den Aposteln geweihten Männer, *„voll des Geistes und der Weisheit, in die Hauptstadt Samarias gekommen war, um die frohe Botschaft zu verkünden"*. Und die Menge achtete einmütig auf die Worte des Philippus; sie hörten zu und sahen die Wunder, die er tat ... Als sie ... dem Philippus Glauben schenkten, der das Evangelium vom Reich Gottes und vom Namen Jesu Christi verkündete, ließen sie sich taufen, Männer und Frauen. *„Als die Apostel in Jerusalem hörten, dass Samaria das Wort Gottes angenommen hatte, schickten sie Petrus und Johannes dorthin. Diese zogen hinab und beteten für sie, sie möchten den Heiligen Geist empfangen. Denn er war noch auf keinen von ihnen herabgekommen; sie waren nur auf den Namen Jesu, des Herrn, getauft. Dann legten sie ihnen die Hände auf, und sie empfingen den Heiligen Geist"* (Apg 8, 6-17).

---

[121] JOHANNES PAUL II, (1. 4. 1992), *Ansprache bei der Generalaudienz*, OssRom 2. 04. 1992; OssRom dt (10. 4. 1992) Nr. 15 S. 2

[122] VATICANUM II, *Lumen gentium*, 11

Dieses Ereignis zeigt uns die Verbindung, die von den Anfängen der Kirche an zwischen der Taufe und dem „*Auflegen der Hände*" bestand, dem neuen sakramentalen Akt, um das Geschenk des Heiligen Geistes zu empfangen und zu vermitteln. Dieser Ritus wird als eine Vervollkommnung der Taufe betrachtet. Er wird als wichtig erachtet – so sehr, dass Petrus und Johannes ausdrücklich zu diesem Zweck von Jerusalem nach Samaria gesandt werden.

Dieses Wirken der beiden Apostel für das Geschenk des Heiligen Geistes begründet die dem Bischof im lateinischen Ritus der Kirche zugeschriebene Rolle. Der Ritus enthält die Auflegung der Hände, von der Kirche vom 2. Jahrhundert an praktiziert, wie uns die apostolische Tradition von *Ippolito Romano* (um das 2. Jahrhundert) bestätigt; er spricht von einem zweifachen Ritus: von der Salbung, die der Priester vor der Taufe vornimmt, und dann von der Auflegung der Hände auf die Täuflinge, von einem Bischof vorgenommen, der ihr Haupt mit Chrisamöl salbt. So zeigt sich der Unterschied zwischen der Salbung bei der Taufe und der Salbung bei der Firmung.

In den christlichen Jahrhunderten setzen sich verschiedene Bräuche im Osten und im Westen bei der Spendung der Firmung durch. In der orientalischen Kirche wird die Firmung gleich nach der Taufe gespendet (die Taufe wird ohne Salbung vollzogen). In der Kirche des Westens hingegen wird die Firmung, wenn das Kind getauft ist, dann gespendet, wenn es Vernunft erlangt hat oder zu einem von der Bischofskonferenz bestimmten späteren Zeitpunkt[123].

Im Osten spendet der Priester, der tauft, zugleich die Firmung. Im Westen ist es der Bischof, aber es gibt auch Priester, die die Vollmacht haben, das Firmsakrament zu spenden.

Außerdem besteht der orientalische Ritus wesentlich nur in einer Salbung; im Westen wird die Salbung mit dem Auflegen der Hände vollzogen[124].

Zu diesen Unterschieden zwischen Ost und West kommt die Vielfalt der Richtlinien, die in der Kirche des Westens hinsichtlich des für die Firmung angemessenen Alters, des Zeitpunktes, des Ortes und der geistlichen und kulturellen Umstände gegeben sind. Und das aufgrund der Freiheit, die die Kirche bei der Bestimmung der besonderen Bedingungen für die Feier des sakramentalen Ritus bewahrt.

---

[123] CIC, Can. 891

[124] Can. 880

Die wesentliche Wirkung des Sakramentes der Firmung ist die Vervollkommnung des in der Taufe empfangenen Geschenkes des Heiligen Geistes, um den Empfänger zu befähigen, für Christus mit seinem Wort und seinem Leben Zeugnis abzulegen.

Die Taufe bewirkt Reinigung, Befreiung von der Sünde, und teilt neues Leben mit. Die Firmung legt den Akzent auf den positiven Aspekt der Heiligung und auf die Kraft, die dem Christen vom Heiligen Geist geschenkt wird für ein echt christliches Leben und ein tatkräftiges Zeugnis.

Wie bei der Taufe, so wird auch vom Sakrament der Firmung ein besonders Merkmal in die Seele eingeprägt. Es ist eine Vervollkommnung der Taufweihe, die durch zwei rituelle Gesten gespendet wird, die Handauflegung und die Salbung. Auch die schon in der Taufe empfangene Fähigkeit, Gottesdienst zu feiern, wird durch die Firmung bekräftigt. Das allgemeine Priestertum wurzelt tiefer im Menschen und wird wirksamer ausgeübt. Die besondere Funktion der Firmung ist es, zum christlichen Zeugnis und Handeln zu veranlassen, das bereits Petrus als Ableitung aus dem allgemeinen Priestertum bezeichnete (vgl. 1 Petr 2, 11 f.). Der heilige *Thomas von Aquin* sagt, dass der Firmling für den Namen Christi Zeugnis ablegt und durch die »besondere Macht« des Prägemals die guten Taten des Christen zum Schutz und zur Verbreitung des Glaubens vollbringt[125], weil er mit einer besonderen Funktion und einem besonderen Auftrag bekleidet ist. Es ist eine »Teilhabe des Priestertums Christi in den Gläubigen, die zum Gottesdienst berufen sind, der sich im Christentum aus dem Priestertum Christi ableitet«[126]. Auch das öffentliche Zeugnis für Christus gehört in den Bereich des allgemeinen Priestertums der Gläubigen, die dazu »quasi ex officio« berufen sind[127].

Die vom Firmsakrament gespendete Gnade ist genauer ein Geschenk des Starkmuts. Das Konzil sagt, dass die Getauften durch die Firmung »mit einer besonderen Kraft des Heiligen Geistes ausgestattet« werden[128]. Dieses Geschenk entspricht dem Bedürfnis nach einer höheren Kraft, um den »geistigen Kampf« des Glaubens und der Liebe[129] aufzunehmen, den Versuchungen zu widerstehen und das Zeugnis des Wortes und christlichen

---

125   Vgl. THOMAS DE AQUINO, *S. th.* III, q 72, a 5 in c. et ad 1

126   THOMAS DE AQUINO (1225-1274), *S. th.* III, q 63, a 3

127   THOMAS DE AQUINO (1225-1274), *S. th.* III, q 72, a 5 ad 2

128   VATICANUM II, *Lumen gentium*, 11

129   Vgl. THOMAS, *S. th.* III, q 72 a 5

Lebens mit Mut, Begeisterung und Ausdauer in die Welt zu tragen. Im Firmsakrament wird diese Kraft des Heiligen Geistes mitgeteilt.

Jesus hatte auf die Gefahr hingewiesen, sich seines Glaubensbekenntnisses zu schämen: »*Denn wer sich meiner und meiner Worte schämt, dessen wird sich der Menschensohn schämen, wenn er in seiner Hoheit kommt und in der Hoheit des Vaters und der heiligen Engel*« (Lk 9, 26; vgl. Mk 8, 38). Sich Christi schämen setzt sich oft in jene Formen »menschlicher Achtung« um, durch die man den eigenen Glauben verbirgt und Kompromisse schließt, die für den, der wirklich sein Jünger sein will, unannehmbar sind. Wie viele Menschen, auch unter den Christen, schließen heute Kompromisse! Durch das Firmsakrament gießt der Heilige Geist dem Menschen den Mut ein, den Glauben an Christus zu bekennen. Diesen Glauben bekennen heißt – nach dem Konzilstext, von dem wir ausgegangen sind, – ihn »in Wort und Tat zu verbreiten und zu verteidigen« als konsequente und treue Zeugen.

Bereits seit dem Mittelalter hat die Theologie, die in Verbindung mit dem großmütigen Einsatz für den »geistigen Kampf« für Christus entwickelt wurde, nicht gezögert, die Kraft hervorzuheben, die das Firmsakrament den Christen verleiht, die berufen sind, »im Dienst Gottes tätig zu sein«. Die Theologie hat aber auch in diesem Sakrament die Bedeutung des Opfers und der Weihe gesehen, die es enthält infolge der »Gnadenfülle« Christi[130]. Der Unterschied und die Folge der Firmung in Bezug auf die Taufe wurde vom heiligen *Thomas von Aquin* so erklärt: »Das Firmsakrament ist gleichsam die Krönung der Taufe in dem Sinn, dass, wenn der Christ in der Taufe – nach dem heiligen Paulus – zu einem geistigen Bau geformt (vgl. 1 Kor 3, 9) und wie ein geistiger Brief geschrieben wird (vgl. 2 Kor 3, 2-3), dieser geistige Bau im Firmsakrament dazu bestimmt ist, Tempel des Heiligen Geistes zu sein, und dieser Brief wird mit dem Zeichen des Kreuzes besiegelt«[131].

Bekanntlich bestehen pastorale Probleme in Bezug auf die Firmung, genauer auf das angemessenste Alter für den Empfang dieses Sakraments. Man tendiert dahin, die Spendung des Sakraments hinauszuschieben, bis der Empfänger das 15. bis 18. Lebensjahr erreicht hat, damit seine Persönlichkeit gereifter ist und er bewusst eine ernstere und dauerhafte Verpflichtung zum christlichen Lebenszeugnis auf sich nehmen kann.

Andere ziehen ein jüngeres Alter vor. Wünschenswert ist auf jeden Fall eine vertiefte Vorbereitung auf dieses Sakrament, die ihnen erlaubt, im vollen Bewusstsein der Gnadengaben, die sie empfangen, und der Verpflich-

---

[130] Vgl. THOMAS, *S. th.* III, q 72 a 1 ad 4

[131] THOMAS, *S.th.* III, q 72 a 11

tungen, die sie auf sich nehmen, das Taufversprechen erneuern zu können. Ohne eingehende und ernsthafte Vorbereitung würden sie Gefahr laufen, das Sakrament auf eine reine Formsache oder einen nur äußerlichen Ritus zu beschränken oder den wesentlichen sakramentalen Aspekt aus den Augen zu verlieren, indem sie die moralische Verpflichtung einseitig hervorheben.

Zum Abschluss erinnere ich daran, dass die Firmung das geeignete Sakrament ist, um das Engagement der Gläubigen hervorzurufen und zu unterstützen, die ein christliches Zeugnis in der Gesellschaft ablegen wollen. Ich wünsche allen jungen Christen, dass vor allem sie mit Hilfe der Firmgnade die Anerkennung des Apostels Johannes verdienen: *»Ich schreibe euch ..., dass ihr stark seid, dass das Wort Gottes in euch bleibt und dass ihr den Bösen besiegt habt«* (1 Joh 2, 14).

1. [...] Leggiamo nella *Lumen gentium:* "col sacramento della confermazione (i fedeli battezzati) vengono vincolati più perfettamente alla Chiesa, sono arricchiti di una speciale forza dallo Spirito Santo, e in questo modo sono più strettamente obbligati a diffondere e a difendere con la parola e con l'opera la fede come veri testimoni di Cristo[132]".

2. Una prima testimonianza di questo sacramento appare negli Atti degli Apostoli. Vi si narra che il diacono Filippo (persona diversa da Filippo l'Apostolo), uno dei sette uomini *"pieni di Spirito e di saggezza"* ordinati dagli Apostoli, era sceso in una città della Samaria per predicare la buona novella. "E le folle prestavano ascolto unanimi alle parole di Filippo sentendolo parlare e vedendo i miracoli che egli compiva . . . Quando cominciarono a credere a Filippo, che recava la buona novella del regno di Dio e del nome di Gesù Cristo, uomini e donne si facevano battezzare . . . Frattanto gli Apostoli, a Gerusalemme, seppero che la Samaria aveva accolto la parola di Dio e vi inviarono Pietro e Giovanni. Essi discesero e pregarono per loro perché ricevessero lo Spirito Santo: *"non era infatti ancora sceso sopra nessuno di loro, ma erano stati soltanto battezzati nel nome del Signore Gesù. Allora imponevano loro le mani e quelli ricevevano lo Spirito Santo"* (At 8, 6-17). L'episodio ci mostra il legame che fin dai primi tempi della Chiesa esisteva tra il battesimo e una "imposizione delle mani", nuovo atto sacramentale per ottenere e conferire il dono dello Spirito Santo. Questo rito viene considerato come un complemento del battesimo. È ritenuto come importante, tanto che Pietro e Giovanni sono espressamente mandati da Gerusalemme in Samaria per questo scopo.

3. Quel ruolo svolto dai due Apostoli per il dono dello Spirito Santo è all'origine del ruolo attribuito al Vescovo nel rito latino della Chiesa. Il rito consiste nell'imposizione delle mani, praticato dalla Chiesa fin dal secondo secolo, come ci attesta la Tradizione apostolica di Ippolito Romano (intorno all'anno 200), che parla di un duplice rito: l'unzione fatta dal presbitero prima del battesimo, e poi

---

[132] *Lumen gentium*, 11

l'imposizione della mano ai battezzati, fatta da un Vescovo, che versa sul loro capo il santo crisma. Così si manifesta la distinzione fra l'unzione battesimale e l'unzione cresimale.

4. Nei secoli cristiani si sono affermati usi diversi in Oriente e in Occidente nell'amministrazione della confermazione. Nella Chiesa Orientale la cresima viene conferita immediatamente dopo il battesimo (battesimo che si fa senza unzione), mentre nella Chiesa Occidentale, quando è battezzato un bambino, la cresima viene conferita al momento dell'uso della ragione o a un momento posteriore determinato dalla conferenza Episcopale[133]. In Oriente il ministro della cresima è il sacerdote che battezza; in Occidente, il ministro ordinario è il Vescovo, ma ci sono pure dei presbiteri che ricevono la facoltà di amministrare il sacramento. Inoltre, in Oriente il rito essenziale consiste nella sola unzione; in Occidente l'unzione si fa con l'imposizione della mano[134]. A queste diversità fra Oriente ed Occidente si aggiunge la varietà di disposizioni che nella Chiesa Occidentale vengono date circa l'età più opportuna per la cresima, secondo i tempi, i luoghi, le condizioni spirituali e culturali. Ciò in base alla libertà che la Chiesa conserva nella determinazione delle condizioni particolari della celebrazione del rito sacramentale.

5. L'effetto essenziale del sacramento della confermazione è il perfezionamento del dono dello Spirito Santo ricevuto nel battesimo, in modo da rendere chi lo riceve abile a testimoniare Cristo con la parola e con la vita. Il battesimo opera la purificazione, la liberazione dal peccato, e conferisce una vita nuova. La cresima pone l'accento sull'aspetto positivo della santificazione, e sulla forza che viene data dallo Spirito Santo al cristiano in vista di una vita autenticamente cristiana e di una testimonianza efficace.

6. Come nel battesimo, uno speciale carattere viene impresso nell'anima anche dal sacramento della confermazione. È un perfezionamento della consacrazione battesimale, conferito per mezzo di due gesti rituali, l'imposizione delle mani e l'unzione. Anche la capacità di esercitare il culto, già ricevuto nel battesimo, viene confermata con la cresima. Il sacerdozio universale è più profondamente radicato nella persona, è reso più efficace nel suo esercizio. La specifica funzione del carattere cresimale è di portare ad atti di testimonianza e di azione cristiana, che già San Pietro indicava come derivazioni del sacerdozio universale (cf. 1 Pt 2, 11 ss). San Tommaso d'Aquino precisa che il cresimato dà la testimonianza al nome di cristo, compie le azioni del buon cristiano in difesa e per la propagazione della fede, in forza della "speciale potestà" del carattere[135], in quanto investito di una funzione e di un mandato peculiare. È una "partecipazione del sacerdozio di Cristo nei fedeli, chiamati al culto divino che nel cristianesimo è una derivazione dal sacerdozio di

---

[133]   CIC, can. 891

[134]   CIC, can. 880

[135]   Cf. THOMAS DE AQUINO, *S. th.* III, q. 72, a. 5 in c. e ad 1

Cristo[136]". Anche la pubblica testimonianza a Cristo rientra nella sfera del sacerdo-zio universale dei fedeli, che vi sono chiamati "quasi ex officio[137]".

7. La grazia conferita dal sacramento della confermazione è più specificamente un dono di fortezza. Dice il Concilio che i battezzati, con la cresima, "sono arric-chiti di una speciale forza dallo Spirito Santo[138]". Questo dono risponde al bisogno di una energia superiore per affrontare lo "spirituale combattimento" della fede e della carità[139], per resistere alle tentazioni e per portare la testimonianza della parola e della vita cristiana nel mondo, con ardimento, fervore e perseveranza. Nel sacra-mento viene conferita questa energia dallo Spirito Santo. Gesù aveva accennato al pericolo di provar vergogna nella professione della fede: *"chi si vergognerà di me e delle mie parole, di lui si vergognerà il Figlio dell'uomo, quando verrà nella gloria sua e del Padre e de-gli angeli santi"* (Lc 9, 26; cf. Mc 8, 38). Il vergognarsi di Cristo si traduce spesso in quelle forme di "rispetto umano" per cui si nasconde la propria fede e si accondi-scende a compromessi, inammissibili per chi vuol essere vero suo discepolo. Quan-ti uomini, anche tra i cristiani, oggi praticano il compromesso! Col sacramento della cresima lo Spirito Santo infonde nell'uomo il coraggio di professare la fede in Cri-sto. Professare questa fede significa, secondo il testo conciliare da cui siamo partiti, "diffonderla e difenderla con la parola e con l'opera", come testimoni coerenti e fedeli.

8. Fin dal Medioevo la teologia, sviluppata in un contesto di generoso impegno per lo "spirituale combattimento" per Cristo, non ha esitato a sottolineare la forza data dalla cresima ai cristiani chiamati a "militare al servizio di Dio". E tuttavia ha letto anche in questo sacramento il valore oblativo e consacrativo che vi è racchiu-so in derivazione dalla "pienezza di grazia" di Cristo (cf. *Summa theologiae*, III, q. 72, a.1 ad 4). La distinzione e successione della cresima per rapporto al battesimo veni-va così spiegata da San *Tommaso d'Aquino*: "Il sacramento della confermazione è come il coronamento del battesimo: nel senso che, se nel battesimo - secondo San Paolo - il cristiano viene formato come un edificio spirituale (cf. 1 Cor 3, 9) e viene scritto come una lettera spirituale (cf. 2 Cor 3, 2-3), nel sacramento della cresima questo edificio spirituale viene consacrato a essere tempio dello Spirito Santo e questa lettera viene sigillata con il segno della croce"[140].

9. Come è noto, si pongono dei problemi pastorali a proposito della conferma-zione, e più specialmente sull'età più idonea per ricevere questo sacramento. Vi è una tendenza recente a ritardare il momento del conferimento fino all'età di 15-18 anni, affinché la personalità del soggetto sia più matura e possa assumere consape-volmente un impegno più serio e stabile di vita e di testimonianza cristiana. Altri

---

136 Cf. ibid., q. 63, a. 3

137 Cf. ibid., q. 72, a. 5 ad 2

138 *Lumen gentium*, 11

139 Cf. THOMAS DE AQUINO, *S. Th.*, III, q. 72, a. 5

140 Ib., *S.th.*, III, q. 72, a. 11

preferiscono una età meno avanzata. In ogni caso si deve auspicare una preparazione approfondita a questo sacramento, che permetta a coloro che lo ricevono di rinnovare le promesse del battesimo con piena coscienza dei doni che ricevono e degli obblighi che si assumono. Senza una lunga e seria preparazione, essi rischierebbero di ridurre il sacramento a pura formalità o puro rito esterno, o anche di perdere di vista l'aspetto sacramentale essenziale, insistendo unilateralmente sull'impegno morale.

10. Concluderò col ricordare che la confermazione è il sacramento atto a suscitare e sostenere gli impegni dei fedeli che vogliono dedicarsi alla testimonianza cristiana nella società. Auguro a tutti i giovani cristiani di meritare - specialmente essi, con l'aiuto della grazia della cresima - il riconoscimento dell'Apostolo Giovanni: *"Ho scritto a voi, giovani, perché siete forti e la parola di Dio dimora in voi e avete vinto il maligno"* (1 Gv 2, 14).

131. Papst Johannes Paul II, (30. 9. 1998), *Ansprache zur Generalaudienz*[141]

Die Firmung vervollkommnet die Taufgnade.

1. In diesem zweiten Jahr der Vorbereitung auf das Jubeljahr 2000 bringt uns die Wiederentdeckung der Anwesenheit des Heiligen Geistes dazu, besonderes Augenmerk auf das Sakrament der Firmung zu richten[142]. Dieses »vollendet die Taufgnade«, wie der *Katechismus der Katholischen Kirche* lehrt: Es verleiht den Heiligen Geist, »um uns in der Gotteskindschaft tiefer zu verwurzeln, uns fester in Christus einzugliedern, unsere Verbindung mit der Kirche zu stärken, uns mehr an ihrer Sendung zu beteiligen und uns zu helfen, in Wort und Tat für den christlichen Glauben Zeugnis zu geben«[143]. In der Tat vereint das Sakrament der Firmung die Christen zutiefst mit der Salbung Christi, den »*Gott [...] gesalbt hat mit dem Heiligen Geist*« (Apg 10, 38).

An diese Salbung erinnert schon die Bezeichnung »Christen«, die auf das Wort »Christos« zurückgeht, welches die griechische Übersetzung des hebräischen Ausdrucks »Messias« ist, was eben »Gesalbter« bedeutet. Christus ist der Messias, der Gesalbte Gottes. Durch das Siegel des Geistes, das durch die Firmung verliehen wird, erlangen die Christen ihre volle Identität und werden sich ihrer Sendung in der Kirche und der Welt bewusst. »Ehe ihr dieser Gnade nicht gewürdigt wurdet – schreibt der hl. *Kyrillos von Jerusa-*

---

[141] L'Osservatore Romano, deutsche Ausg. 7. 10. 1998

[142] Vgl. *Tertio millennio adveniente*, 45

[143] KATECHISMUS DER KATHOLISCHEN KIRCHE, 1316

lem – verdienet ihr eigentlich nicht diese Bezeichnung, ihr wart vielmehr erst auf dem Wege dazu, schicktet euch an, Christen zu sein«[144].

2. Um den ganzen Reichtum an Gnade zu begreifen, der im Sakrament der Firmung enthalten ist, die zusammen mit der Taufe und der Eucharistie die organische Gesamtheit der »Sakramente der christlichen Initiation« bildet, muss man dessen Bedeutung im Licht der Heilsgeschichte verstehen. Im Alten Testament verkünden die Propheten, dass der Geist Gottes sich auf dem verheißenen Messias niederlassen (vgl. Jes 11, 2), zugleich aber dem ganzen messianischen Volk mitgeteilt werden wird (vgl. Ez 36, 25–27; Joël 3, 1–2). In der »Fülle der Zeiten« wird Jesus durch den Heiligen Geist im Schoß der Jungfrau Maria empfangen (vgl. Lk 1, 35). Durch die Herabkunft des Geistes über ihn im Augenblick der Taufe im Jordan wird er als der verheißene Messias, als Sohn Gottes offenbart (vgl. Mt 3, 13–17; Joh 1, 33–34). Sein ganzes Leben verläuft in vollendeter Gemeinschaft mit dem Heiligen Geist, den er »*unbegrenzt gibt*« (vgl. Joh 3, 34) als eschatologische Krönung seiner Sendung gemäß seinem Versprechen (vgl. Lk 12, 12; Joh 3, 5–8; 7, 37–39; 16, 7–15; Apg 1, 8). Jesus teilt den Geist mit am Tag der Auferstehung, indem er die Apostel »anhaucht« (vgl. Joh 20, 22), und danach am Pfingsttag durch feierliche und wunderbare Ausgießung (vgl. Apg 2, 1–4). Und so beginnen die Apostel, vom Heiligen Geist erfüllt, »*Gottes große Taten zu verkünden*« (vgl. Apg 2, 11). Auch die, welche ihrer Predigt glauben und sich taufen lassen, empfangen »*die Gabe des Heiligen Geistes*« (Apg 2, 38). Die Unterscheidung von Firmung und Taufe wird deutlich aus der Apostelgeschichte beim Ereignis der Evangelisierung Samarias. Es ist Philippus, einer der sieben Diakone, der den Glauben verkündet und tauft; dann kommen die Apostel Petrus und Johannes und legen den Neugetauften die Hände auf, damit sie den Heiligen Geist empfangen (vgl. Apg 8, 5-17). Ähnlich legt in Ephesus der Apostel Paulus einer Gruppe von Neugetauften die Hände auf, »*und der Heilige Geist kam auf sie herab*« (Apg 19, 6).

3. Das Sakrament der Firmung lässt »die Pfingstgnade in der Kirche auf eine gewisse Weise fortdauern«[145]. Die Taufe, welche in der christlichen Tradition »Eingangstor zum Leben im Geiste«[146] genannt wird, bewirkt unsere Wiedergeburt »*aus Wasser und Geist*« (vgl. Joh 3, 5), indem sie uns sakramental am Tod und an der Auferstehung Christi (vgl. Röm 6, 1–11) teil-

---

[144] Vgl. CYRILLUS HIEROSOLYMITANUS, *Catech. myst.*, 3, 5 (PG 33, 1092); vgl. Bibliothek der Kirchenväter, Bd. 41, München / Kempten 1922, S. 376

[145] KATECHISMUS DER KATHOLISCHEN KIRCHE [=KKK], 1288

[146] KKK, 1213

haben lässt. Die Firmung lässt uns ihrerseits voll teilhaben an der Ausgießung des Heiligen Geistes durch den auferstandenen Herrn.

Das unzertrennbare Band zwischen dem Pascha Jesu Christi und der pfingstlichen Ausgießung des Heiligen Geistes kommt in der engen Beziehung zum Ausdruck, welche zwischen den Sakramenten der Taufe und der Firmung besteht. Diese enge Verbindung geht auch aus der Tatsache hervor, dass in den ersten Jahrhunderten die Firmung allgemein »zusammen mit der Taufe eine einzige Feier, ein ›Doppelsakrament‹ [bildete], wie der hl. *Cyprian* sagt«[147]. Diese Praxis hat sich im Osten bis heute erhalten, während sich im Westen aus vielerlei Gründen die aufeinander folgende und normalerweise auch zeitlich abgesetzte Feier der beiden Sakramente durchgesetzt hat. Seit apostolischer Zeit wird die volle Vermittlung der Gabe des Heiligen Geistes an die Getauften durch Auflegung der Hände wirksam gekennzeichnet. Bald kam eine Salbung mit wohlriechendem Öl, »Chrisam« genannt, hinzu, um die Gabe des Geistes besser auszudrücken. Durch die Firmung werden in der Tat die in der Taufe gesalbten Christen der Fülle des Geistes, von der Christus überströmt, teilhaftig, damit ihr ganzes Leben *»Christi Wohlgeruch«* verbreite (2 Kor 2, 15)

4. Die rituellen Unterschiede, die die Firmung im Laufe der Jahrhunderte im Osten und Westen erfahren hat, entsprechend dem unterschiedlichen geistlichen Empfinden der beiden Traditionen und in Antwort auf verschiedenartige pastorale Erfordernisse, sind Ausdruck des Reichtums dieses Sakramentes und seiner vollen Bedeutung im christlichen Leben. Im Osten wird das Sakrament »Chrismation«, Salbung mit »Chrisam« oder »Myron«, genannt. Im Westen meint der Ausdruck Firmung Bestätigung der Taufe, d. h. Bestärkung der Gnade durch das Siegel des Heiligen Geistes. Im Osten wird die Chrismation, da die beiden Sakramente verbunden sind, von dem Priester gespendet, der tauft, wobei er jedoch die Salbung mit dem vom Bischof geweihten Chrisam vornimmt[148]. Im lateinischen Ritus ist der ordentliche Spender der Firmung der Bischof; er kann aus schwerwiegenden Gründen bestimmte Priester dafür bevollmächtigen[149]. »Die Praxis der Ostkirchen verdeutlicht« also »vor allem die Einheit der christlichen Initiation; die der lateinischen Kirche veranschaulicht die Gemeinschaft des neuen Christen mit seinem Bischof als dem, der die Einheit seiner Kirche, ihre Katholizität und ihre Apostolizität gewährleistet und da-

---

[147] KKK, 1290

[148] Vgl. KATECHISMUS DER KATHOLISCHEN KIRCHE, 1312

[149] Vgl. KKK, 1313

durch auch den Zusammenhang mit den apostolischen Ursprüngen der Kirche Christi sichert«[150].

5. Aus dem hier Dargelegten wird nicht nur die Bedeutung der Firmung in der organischen Gesamtheit der Sakramente der christlichen Initiation deutlich, sondern auch ihre unersetzbare Wirkung im Hinblick auf die volle Reifung des christlichen Lebens. Ein entschiedener, auf dem Weg der Vorbereitung des Jubiläums zu intensivierender Einsatz der Pastoral besteht in einer sorgfältigen Bildung der Getauften, die sich auf den Empfang der Firmung vorbereiten; sie gilt es in die faszinierenden Tiefen des Geheimnisses einzuführen, welches das Sakrament ausdrückt und vollzieht. Zugleich ist den Gefirmten zu helfen, dass sie mit freudigem Erstaunen die Heilswirksamkeit dieser Gabe des Heiligen Geistes neu entdecken.

1. In questo secondo anno di preparazione al Giubileo del Duemila, la riscoperta della presenza dello Spirito Santo ci porta a rivolgere un'attenzione particolare al sacramento della Confermazione[151]. Esso, - come insegna il Catechismo della Chiesa Cattolica - "perfeziona la grazia battesimale... dona lo Spirito Santo per radicarci più profondamente nella filiazione divina, incorporarci più saldamente a Cristo, rendere più solido il nostro legame con la Chiesa, associarci maggiormente alla sua missione e aiutarci a testimoniare la fede cristiana con la parola accompagnata dalle opere" (N. 1316).

In effetti, il sacramento della Confermazione associa intimamente il cristiano all'unzione stessa di Cristo, che "*Dio unse di Spirito Santo*" (At 10, 38). Tale unzione è evocata nel nome stesso di "cristiano", che trae la sua origine da quello di "Cristo", traduzione greca del termine ebraico "messia", che appunto significa "unto". Cristo è il Messia, l'Unto di Dio.

Grazie al sigillo dello Spirito conferito dalla Confermazione, il cristiano raggiunge la sua piena identità e diviene consapevole della sua missione nella Chiesa e nel mondo. "Prima che vi fosse conferita tale grazia - scrive san Cirillo di Gerusalemme - non eravate sufficientemente degni di questo nome, ma eravate come in cammino per diventare cristiani"[152].

2. Per comprendere tutta la ricchezza di grazia racchiusa nel sacramento della Confermazione, che con il Battesimo e l'Eucaristia costituisce l'insieme organico dei "sacramenti dell'iniziazione cristiana", occorre coglierne il significato alla luce della storia della salvezza.

Nell'Antico Testamento, i profeti annunciano che lo Spirito di Dio si poserà sul Messia promesso (cfr. Is 11, 2), e insieme sarà comunicato a tutto il popolo messianico (cfr. Ez 36, 25-27; Gl 3, 1-2). Nella "pienezza dei tempi", Gesù è concepito

---

150   KKK, 1292

151   Cf. *Tertio millennio adveniente*, 45

152   CYRILL JER., *Catech. myst.*, III, 4 (PG 33, 1092)

per opera dello Spirito Santo nel grembo della Vergine Maria (cfr Lc 1, 35). Con la discesa dello Spirito su di Lui, al momento del battesimo nel fiume Giordano, è manifestato come il Messia promesso, il Figlio di Dio (cfr Mt 3, 13-17; Gv 1, 33-34). Tutta la sua vita si svolge in una totale comunione con lo Spirito Santo che egli dona "senza misura" (Gv 3, 34), quale coronamento escatologico della sua missione secondo la sua promessa (cfr Lc 12, 12; Gv 3, 5-8; 7, 37-39; 16, 7-15; At 1, 8). Gesù comunica lo Spirito "alitando" sugli Apostoli il giorno della Risurrezione (cfr Gv 20, 22) e poi con l'effusione solenne e stupenda del giorno di Pentecoste (cfr At 2, 1-4).

E' così che gli Apostoli, pieni di Spirito Santo, cominciano ad "annunciare le grandi opere di Dio" (cfr At 2, 11). Anche coloro che credono alla loro predicazione e si fanno battezzare ricevono "il dono dello Spirito Santo" (At 2, 38).

La distinzione tra la Confermazione e il Battesimo viene chiaramente suggerita negli Atti degli Apostoli in occasione dell'evangelizzazione della Samaria. A predicare la fede e a battezzare è Filippo, uno dei Sette; vengono poi gli apostoli Pietro e Giovanni e impongono le mani ai neo-battezzati perché ricevano lo Spirito Santo (At 8, 5-17). Similmente a Efeso, l'apostolo Paolo impone le mani a un gruppo di neo-battezzati "e venne su di loro lo Spirito Santo" (At 19, 6).

3. Il sacramento della Confermazione "rende, in qualche modo, perenne nella Chiesa la grazia della Pentecoste"[153]. Il Battesimo, che la tradizione cristiana chiama "porta della vita spirituale"[154], ci fa rinascere "da acqua e da Spirito" (cfr Gv 3, 5) rendendoci partecipi sacramentalmente della morte e della resurrezione di Cristo (cfr Rm 6, 1-11). La Confermazione a sua volta ci rende partecipi pienamente dell'effusione dello Spirito Santo da parte del Signore Risorto.

L'inscindibile legame tra la Pasqua di Gesù Cristo e l'effusione pentecostale dello Spirito Santo si esprime nell'intimo rapporto che unisce i sacramenti del Battesimo e della Confermazione. Tale stretto legame emerge anche dal fatto che nei primi secoli la Confermazione costituiva in genere "una celebrazione unica con il Battesimo, formando con questo, secondo l'espressione di san Cipriano, un sacramento doppio"[155]. Questa prassi è stata conservata fino ad oggi in Oriente, mentre in Occidente, per molteplici cause, si è affermata la celebrazione successiva ed anche normalmente distanziata dei due sacramenti.

Fin dai tempi apostolici la piena comunicazione del dono dello Spirito Santo ai battezzati è significata efficacemente dall'imposizione delle mani. Ad essa, per meglio esprimere il dono dello Spirito, ben presto si è aggiunta una unzione di olio profumato, detto "crisma". Infatti, mediante la Confermazione, i cristiani, consacrati con l'unzione nel Battesimo, partecipano alla pienezza dello Spirito di cui è ricolmo Gesù, affinché tutta la loro vita effonda il "profumo di Cristo" (2 Cor 2, 15).

---

[153] CCC, 1288).

[154] Ibid., 1213

[155] CCC, 1290

4. Le differenze rituali che, nel corso dei secoli, la Confermazione ha conosciuto in Oriente e in Occidente, secondo le diverse sensibilità spirituali delle due tradizioni e in risposta a varie esigenze pastorali, esprime la ricchezza del sacramento e il suo pieno significato nella vita cristiana.

In Oriente, questo sacramento viene chiamato "Crismazione", unzione con il "crisma", o "myron". In Occidente, il termine Confermazione esprime la conferma del Battesimo in quanto rafforzamento della grazia mediante il sigillo dello Spirito Santo. In Oriente, essendo i due sacramenti uniti, la Crismazione è conferita dal presbitero stesso che battezza, anche se egli compie l'unzione con il crisma consacrato dal Vescovo[156]. Nel rito latino il ministro ordinario della Confermazione è il Vescovo, che, per gravi motivi, ne può dare la facoltà a sacerdoti a ciò deputati[157].

Così, "la pratica delle Chiese orientali sottolinea maggiormente l'unità dell'iniziazione cristiana. Quella della Chiesa latina evidenzia più nettamente la comunione del nuovo cristiano con il proprio Vescovo, garante e servo dell'unità della sua Chiesa, della sua cattolicità e della sua apostolicità e, conseguentemente, il legame con le origini apostoliche della Chiesa di Cristo"[158].

5. Da quanto abbiamo esposto risalta non solo il significato della Confermazione nell'insieme organico dei sacramenti dell'iniziazione cristiana, ma anche la insostituibile efficacia che esso ha in ordine alla piena maturazione della vita cristiana. Un impegno decisivo della pastorale, da intensificare nel cammino di preparazione al Giubileo, consiste nel formare con ogni cura i battezzati che stanno preparandosi a ricevere la Cresima, introducendoli nelle profondità affascinanti del mistero che essa significa ed attua. Nello stesso tempo occorre aiutare i cresimati a riscoprire con gioioso stupore l'efficacia salvifica di questo dono dello Spirito Santo.

132. Katechismus der katholischen Kirche (25. 6. 1992/1997), p. 2
sectio 2 c. 1 a. 2, n. 1285-1289: *Die Firmung in der Heilsökonomie*

Zusammen mit der Taufe und der Eucharistie bildet das Sakrament der Firmung die „Sakramente der christlichen Initiation", deren Einheit bewahrt werden muss. Den Gläubigen ist also zu erklären, dass der Empfang der Firmung zur Vollendung der Taufgnade notwendig ist[159]. „Durch das Sakrament der Firmung werden [die Getauften] vollkommener der Kirche verbunden und mit der besonderen Kraft des Heiligen Geistes ausgestattet;

---

[156]   Cf. CCC, 1312

[157]   Cf. CCC, 1313

[158]   CCC, 1292).

[159]   Vgl. *Ordo Confirmationis*, prænotanda 1 (Typis Polyglottis Vaticanis 1973) p. 16

so sind sie noch strenger verpflichtet, den Glauben als wahre Zeugen Christi in Wort und Tat zugleich zu verbreiten und zu verteidigen[160]".

Im Alten Bund haben die Propheten angekündigt, dass auf dem erhofften Messias aufgrund seiner Heilssendung [vgl. Lk 4, 16–22; Jes 61, 1] der Geist des Herrn ruhen werde [vgl. Jes 11, 2]. Dass der Heilige Geist auf Jesus bei dessen Taufe durch Johannes herabkam, war das Zeichen dafür, dass er es ist, der kommen soll: Er ist der Messias, der Sohn Gottes [vgl. Mt 3, 13–17; Joh 1, 33–34]. Weil Jesus durch den Heiligen Geist empfangen wurde, verläuft sein ganzes Leben und seine Sendung in völliger Gemeinschaft mit dem Heiligen Geist, den der Vater ihm *„ohne Maß"* gibt (Joh 3, 34)[161].

Diese Fülle des Geistes sollte jedoch nicht einzig dem Messias, sondern dem *ganzen messianischen Volk* mitgeteilt werden [vgl. Ez 36, 25–27; Joël 3, 1–2]. Christus verhieß wiederholt die Ausgießung des Geistes [vgl. Lk 12, 12; Joh 3, 5–8; 7, 37–39; 16, 7–15; Apg 1, 8] und löste sein Versprechen vorerst am Ostertag ein [vgl. Joh 20, 22] und noch offensichtlicher am Pfingsttag [vgl. Apg 2, 1–4]. Vom Heiligen Geist erfüllt, beginnen die Apostel *„Gottes große Taten zu verkünden"* (Apg 2, 11). Petrus erklärt, dass diese Ausgießung des Geistes Zeichen der messianischen Zeiten sei [vgl. Apg 2, 17–18]. Wer der Predigt der Apostel Glauben schenkte und sich taufen ließ, erhielt die Gabe des Heiligen Geistes [vgl. Apg 2, 38][162].

Von da an vermittelten die Apostel den Neugetauften gemäß dem Willen Christi durch Auflegung der Hände die Gabe des Geistes zur Vollendung der Taufgnade [vgl. Apg 8, 15–17; 19, 5–6]. So wird im Hebräerbrief unter den Elementen der ersten christlichen Unterweisung die Lehre von der Taufe und von der Auflegung der Hände genannt [vgl. Hbr 6, 2]. Diese Auflegung der Hände wird in der katholischen Überlieferung zu Recht als Anfang des Firmsakramentes betrachtet, das die Pfingstgnade in der Kirche auf eine gewisse Weise fortdauern lässt" (*Paul VI*[163]).

Um die Gabe des Heiligen Geistes noch besser zu bezeichnen, kam zur Handauflegung sehr bald eine Salbung mit wohlriechendem Öl [Chrisam]. Diese Salbung veranschaulicht den Namen „Christ", der „Gesalbter" bedeutet und von Christus selbst abgeleitet ist, den *„Gott ... gesalbt hat mit dem*

---

[160] CONCILIUM VATICANUM II, Const. dogm. *Lumen gentium*, 11 (AAS 57 (1965) 15. Vgl. *Ordo Confirmationis*, Praenotanda 2 (Typis Polyglottis Vaticanis 1973) p. 16

[161] Vgl. dazu auch n. 702–716

[162] Vgl. dazu auch n. 739

[163] PAUL VI., Ap. Konst. „*Divinæ consortium naturæ*"; vgl. dazu auch n. 699.

Heiligen Geist" (Apg 10, 38). Der Salbungsritus besteht im Osten wie im Westen bis heute.

Deshalb nennt man im Osten dieses Sakrament *Chrismation*, Salbung mit dem Chrisam, oder *Myron*, was „Chrisam" bedeutet. Im Westen weist die Bezeichnung *Firmung* einerseits auf die „Bestätigung" der Taufe hin, womit die christliche Initiation vervollständigt wird, und andererseits auf die Stärkung der Taufgnade – beide sind Früchte des Heiligen Geistes.

Sacramentum Confirmationis cum Baptismo et Eucharistia complexum constituit « sacramentorum initiationis christianae », cuius unitas tuenda est. Fidelibus igitur explicandum est, huius sacramenti receptionem necessariam esse ad gratiae baptismalis completionem[164]. Re vera, baptizati « sacramento Confirmationis perfectius Ecclesiae vinculantur, speciali Spiritus Sancti robore ditantur, sicque ad fidem tamquam veri testes Christi verbo et opere simul diffundendam et defendendam arctius obligantur[165] ».

I. Confirmatio in Oeconomia salutis

In *Vetere Testamento*, Prophetae annuntiaverunt Spiritum Domini super Messiam exspectatum esse requieturum [vgl. Jes 11, 2]. Eius missionis salvificae causa [vgl. Lk 4, 16–22; Jes 61, 1]. Descensus Spiritus Sancti super Jesum, cum Ipse a Johanne baptizatus est, signum fuit, Ipsum esse Illum qui erat venturus, Eum Messiam esse, Filium Dei (cf. Mt 3, 13-17; Joh 1, 33-34). Jesus conceptus erat de Spiritu Sancto; tota Eius vita totaque Eius missio fiunt in totali communione cum Spiritu Sancto quem Pater illi « non [...] ad mensuram dat » (Joh 3, 34).

Haec autem Spiritus plenitudo illa solummodo Messiae manere non debebat, ipsa erat *toti populo messianico* communicanda [vgl. Ez 36, 25-27; Joël 3, 1-2]. Pluries Christus hanc Spiritus promisit effusionem [vgl. Lk 12, 12; Joh 3, 5-8; 7, 37-39; 16, 7-15; Apg 1, 8], et promissionem hanc die Paschatis primum complevit (cf. Joh 20, 22), et deinde, splendidiore modo, die Pentecostes [vgl. Apg 2, 1-4]. Spiritu Sancto repleti, Apostoli « *magnalia Dei* » incipiunt proclamare (Act 2, 11), Petrusque declarat hanc Spiritus effusionem signum temporum esse messianicorum [vgl. Apg 2, 17-18]. Qui tunc praedicationi crediderunt apostolicae et baptizari curaverunt, Spiritus Sancti donum sua vice receperunt [vgl. Apg 2, 38].

« Ex [...] [illo] tempore Apostoli, Christi voluntatem implentes, Spiritus donum, quod Baptismi gratiam compleret, neophytis manuum impositione impertierunt (cf. Act 8, 15-17; 19, 5-6). Sic factum est, ut in epistula ad Hebraeos, inter primae institutionis christianae elementa, recenseretur doctrina Baptismatum et impositionis manuum (cf. Hbr 6, 2). Quae manuum impositio ex traditione catholica merito a-

---

[164] Cf. *Ordo Confirmationis*, Praenotanda 1 (Typis Polyglottis Vaticanis 1973) p. 16.

[165] CONCILIUM VATICANUM II, Const. dogm. *Lumen gentium*, 11 (AAS 57 (1965) 15; cf *Ordo Confirmationis*, Praenotanda 2 (Typis Polyglottis Vaticanis 1973) p. 16.

gnoscitur initium sacramenti Confirmationis, quod gratiam pentecostalem in Ecclesia quodam modo perpetuat[166] ».

Cito, ut melius donum Spiritus Sancti significaretur, impositioni manuum unctio fragrantis olei (chrismatis) adiuncta est. Haec unctio nomen « christiani » elucidat quod « unctum » significat et ab illo Ipsius Christi suam sumit originem: « *Unxit Eum Deus Spiritu Sancto* » (Act 10, 38). Hic quidem ritus unctionis usque ad nostros exsistit dies tam in Oriente quam in Occidente. Hac de causa, in Oriente, hoc sacramentum *Chrismatio* vocatur seu chrismatis unctio, vel « μύρον » quod « chrisma» significat. In Occidente, nomen *Confirmationis* suggerit hoc sacramentum simul Baptismum confirmare et gratiam solidare baptismalem.

133. Katechismus der katholischen Kirche (25. 6. 1992/1997), n. 1290-1292: Zwei Traditionen, der Osten und der Westen

In den ersten Jahrhunderten bildet die Firmung allgemein zusammen mit der Taufe eine einzige Feier, ein „Doppelsakrament", wie der hl. *Cyprian* sagt. Die Häufung der Kindertaufen, und zwar zu jeder Zeit des Jahres, und die Vermehrung der (Land-)Pfarreien lassen es dann, neben anderen Gründen, nicht mehr zu, dass der Bischof bei allen Tauffeiern anwesend ist. Weil man die Vollendung der Taufe dem Bischof vorbehalten möchte, kommt im Westen der Brauch auf, den Zeitpunkt der Spendung beider Sakramente voneinander zu trennen. Der Osten hat die beiden Sakramente miteinander vereint erhalten; die Firmung wird durch den Taufpriester erteilt. Dieser darf sie allerdings nur mit dem von einem Bischof geweihten „Myron" spenden[167].

Ein Brauch der Kirche Roms – eine nach der Taufe erfolgende zweimalige Salbung mit dem heiligen Chrisam – hat die Entwicklung der westlichen Praxis gefördert. Eine erste Salbung des Neugetauften wurde durch den Priester gleich im Anschluss an die Taufe vorgenommen und dann durch eine zweite Salbung vollendet, bei der der Bischof die Stirn jedes Neugetauften salbte[168]. Die vom Priester vorgenommene erste Chrisamsalbung blieb mit dem Taufritus verbunden; sie bedeutet die Teilhabe des Getauften am Propheten–, Priester– und Königsamt Christi. Falls die Taufe

---

[166]   PAUL VI, Const. ap. *Divinae consortium naturae* (AAS 63 (1971) 659)

[167]   Vgl. *Corpus Canonum Ecclesiarum orientalium*, Can. 695,1; 696,1. Vgl. dazu auch n. 1233

[168]   Vgl. HIPPOLYT, *Trad. apost.*, 21

einem Erwachsenen gespendet wird, findet nach der Taufe nur eine einzige Salbung statt: die der Firmung[169].

Die Praxis der Ostkirchen verdeutlicht vor allem die Einheit der christlichen Initiation; die der lateinischen Kirche veranschaulicht die Gemeinschaft des neuen Christen mit seinem Bischof als dem, der die Einheit seiner Kirche, ihre Katholizität und ihre Apostolizität gewährleistet und dadurch auch den Zusammenhang mit den apostolischen Ursprüngen der Kirche Christi sichert[170].

Duae traditiones: Orientis et Occidentis

Prioribus saeculis, Confirmatio unam celebrationem cum Baptismo generatim constituit, « sacramentum utrumque », secundum expressionem sancti Cypriani[171], efformans cum eo. Inter alia motiva, multiplicatio Baptismorum infantium, et quidem in quolibet anni tempore, et paroeciarum (ruralium) multiplicatio, dioeceses augens, in omnibus baptismalibus celebrationibus non amplius Episcopi permittunt praesentiam. In Occidente, quia optatur perfectionem Baptismi reservare Episcopo, temporalis instituitur utriusque sacramenti separatio. Oriens duo sacramenta servavit coniuncta, ita ut Confirmatio conferatur a praesbytero qui baptizat. Hic tamen id facere nequit nisi *Myron* adhibens ab Episcopo consecratum[172].

Quidam Ecclesiae Romanae mos facilius reddidit incrementum praxis occidentalis, propter duplicem unctionem cum sancto chrismate post Baptismum: illa, iam a presbytero peracta super neophytum, cum hic a lavacro baptismali exibat, per secundam completur unctionem ab Episcopo factam super frontem singulorum novorum baptizatorum[173]. Prima unctio cum sancto chrismate, illa quam presbyter praebet, ritui baptismali coniuncta mansit; ipsa participationem significat baptizati in muneribus prophetico, sacerdotali et regio Christi. Si Baptismus adulto confertur, non nisi una habetur unctio postbaptismalis: illa Confirmationis.

Praxis Ecclesiarum Orientalium unitatem initiationis christianae magis effert. Illa Ecclesiae latinae clarius exprimit communionem novi christiani cum eius Episcopo, sponsore et servitore unitatis Ecclesiae eius, eius catholicitatis et eius apostolicitatis, et proinde vinculum cum originibus apostolicis Ecclesiae Christi.

---

[169] Vgl. dazu auch n. 1242

[170] Vgl. dazu auch n. 1244

[171] Cf. CYPRIANUS CARTHAGINIENSIS, *Epistula* 73, 21 (CSEL 32, 795; PL 3, 1169)

[172] Cf. CCEO, Can. 695, § 1. 696, § 1

[173] Cf. HIPPOLYTUS ROMANUS, *Traditio apostolica*, 21; ed. B. Botte (Münster i. W. 1989) p. 50 et 52

134. Katechismus der katholischen Kirche (25. 6. 1992/1997), n.

1293-1296: Die Zeichen und der Ritus der Firmung

Im Ritus dieses Sakramentes sind zwei Dinge beachtenswert: das Zeichen der *Salbung* und das, was die Salbung bezeichnet und einprägt, das geistige *Siegel*. Die *Salbung* ist in der biblischen und antiken Bildersprache reich an Bedeutungen: Öl ist Zeichen des Überflusses [vgl. z. B. Dtn 11, 14] und der Freude [vgl. Ps 23, 5; Ps 104, 15]; es reinigt zu einem Geheimnis [vgl. Jes (Salbung vor und nach dem Bad) und macht geschmeidig (Salbung der Athleten und Ringer); es ist Zeichen der Heilung, denn es lindert den Schmerz von Prellungen und Wunden [vgl. Jes 1. 6; Lk 10, 34]; auch macht es schön, gesund und kräftig[174].

Alle diese Bedeutungen der Salbung mit Öl finden sich im sakramentalen Leben wieder. Die vor der Taufe gespendete Salbung mit Katechumenenöl bedeutet Reinigung und Stärkung; die Salbung der Kranken Heilung und Kräftigung. Die nach der Taufe, bei der Firmung und bei der Weihe erfolgende Salbung mit heiligem Chrisam ist Zeichen einer Konsekration. Durch die Firmung haben die Christen – das heißt die Gesalbten – vermehrt an der Sendung Jesu Christi und an der Fülle des Heiligen Geistes Anteil, damit ihr ganzes Leben den „*Wohlgeruch Christi*" [vgl. 2 Kor 2, 15] ausströme[175].

Durch diese Salbung erhält der Firmling das Mal, das *Siegel* des Heiligen Geistes. Das Siegel ist Sinnbild der Person [vgl. Gen 38, 18; Hld 8, 6] Zeichen ihrer Autorität [vgl. Gen 41, 42], ihres Eigentumsrechtes an einem Gegenstand [vgl. Dtn 32, 34] – man kennzeichnete etwa die Soldaten mit dem Siegel ihres Anführers und die Sklaven mit dem ihres Herrn. Das Siegel beglaubigt einen Rechtsakt [vgl. 1 Kön 21, 8] oder ein Dokument [vgl. Jer 32, 10] und macht dieses unter Umständen 29, 11].

Christus selbst erklärt von sich, der Vater habe ihn mit seinem Siegel beglaubigt [vgl. Joh 6, 27]. Auch der Christ ist durch ein Siegel gekennzeichnet: Gott ist es, „*der uns sein Siegel aufgedrückt und als ersten Anteil [am verheißenen Heil] den Geist in unser Herz gegeben hat*" (2 Kor 1, 22) [vgl. Eph 1, 13; 4, 30]. Dieses Siegel des Heiligen Geistes bedeutet, dass man gänzlich Christus angehört, für immer in seinen Dienst gestellt ist, aber auch dass einem der göttliche Schutz in der großen endzeitlichen Prüfung verheißen ist [vgl. Offb 7, 2–3; 9, 4; Ez 9, 4–6][176].

---

[174]   Vgl. dazu auch n. 695

[175]   Vgl. dazu auch n. 1152

[176]   Vgl. dazu auch n. 1121

II. Confirmationis signa et ritus

In ritu huius sacramenti, considerare oportet signum *unctionis* et id quod unctio indicat et imprimit: spirituale *sigillum*.

Unctio, in biblico et vetere symbolismo, pluribus abundat significationibus: oleum est signum abundantiae (cf. Dtn 11, 14; etc.) et laetitiae (cf. Ps 23, 5; Ps 104, 15) purificat (unctio ante et post lavacrum) et agilem reddit (unctio athletarum et luctatorum); signum est sanationis, quia contusiones mollit et plagas (cf. Is 1, 6; Lc 10, 34); pulchritudine, sanitate et vi reddit splendentem.

Omnes hae significationes unctionis cum oleo peractae in vita sacramentali iterum inveniuntur. Unctio ante Baptismum cum catechumenorum oleo purificationem significat et roborationem; unctio infirmorum sanationem et consolationem exprimit. Unctio sancti chrismatis post Baptismum, in Confirmatione et in Ordinatione, signum est cuiusdam consecrationis. Per Confirmationem, christiani, id est, illi qui sunt uncti, magis in missione participant Jesu Christi et in Spiritus Sancti plenitudine, qua Ille est repletus, ut tota eorum vita exhalet Christi bonum odorem (cf. 2 Cor 2, 15).

Confirmandus, per hanc unctionem, signum, *sigillum* accipit Spiritus Sancti. Sigillum est personae symbolum (cf. Gen 38, 18; Cant 8, 6), signum eius auctoritatis (cf. Gen 41, 42), eius possessionis super aliquod obiectum (cf. Dtn 32, 3 4) – hoc modo, milites sigillo sui ducis signabantur et etiam servi illo domini sui –; ratum facit actum iuridicum (cf. 1 Reg 21, 8) vel documentum (cf. Jer 32, 10) idque quandoque reddit secretum (cf. Is 29, 11).

Ipse Jesus Se signatum sigillo Patris Sui declarat (cf. Joh 6, 27). Etiam christianus est sigillo quodam signatus: « *Qui autem confirmat nos vobiscum in Christum et qui unxit nos Deus, et qui signavit nos et dedit arrabonem Spiritus in cordibus nostris* » (2 Cor 1, 21-22). (cf. Eph 1, 13; Eph 4, 30) Hoc sigillum Spiritus Sancti totalem significat pertinentiam ad Christum, aliquem in Eius servitium esse in perpetuum, sed etiam promissionem protectionis divinae in magna eschatologica probatione (cf. Apoc 7, 2-3; 9, 4; Ez 9, 4-6).

135. Katechismus der katholischen Kirche (25. 6. 1992/1997), n. 1297-1301. Die Feier der Firmung

Eine wichtige Handlung, die zwar der Feier der Firmung vorausgeht, in gewisser Weise aber zu ihr gehört, ist die *Weihe des heiligen Chrisam*. Am Gründonnerstag konsekriert der Bischof im Verlauf der Chrisam–Messe den heiligen Chrisam für sein ganzes Bistum. In einigen Ostkirchen ist diese Weihe sogar den Patriarchen vorbehalten[177].

In der syrischen Liturgie von Antiochien lautet die Epiklese bei der Weihe des heiligen Chrisams [Myron]: „Vater ... sende deinen Heiligen Geist

---

[177] Vgl. dazu auch n. 1183, 1241

über uns und über dieses Öl vor uns und konsekriere es, damit es für alle, die damit gesalbt und gekennzeichnet werden, ein heiliges Myron sei, ein priesterliches Myron, ein königliches Myron, Freudensalbung, Lichtgewand, Mantel des Heils, geistliche Gabe, Heiligung an Seele und Leib, unvergängliches Glück, unauslöschbares Siegel, Schild des Glaubens und furchterregender Helm gegen alle Werke des bösen Feindes".

Wenn die Firmung von der Taufe getrennt gefeiert wird, wie das im römischen Ritus üblich ist, beginnt die Liturgie des Sakramentes mit der Erneuerung des Taufversprechens und mit dem Glaubensbekenntnis der Firmlinge. So tritt klar zutage, dass die Firmung sich an die Taufe anschließt[178]. Wird ein Erwachsener getauft, dann erhält er sogleich die Firmung und nimmt an der Eucharistie teil[179].

Im römischen Ritus breitet der Bischof die Hände über die Gesamtheit der Firmlinge aus – eine Geste, die seit der Zeit der Apostel Zeichen der Geistspendung ist. Dabei erfleht der Bischof die Ausgießung des Geistes:

„Allmächtiger Gott, Vater unseres Herrn Jesus Christus, du hast diese (jungen) Christen (unsere Brüder und Schwestern) in der Taufe von der Schuld Adams befreit, du hast ihnen aus dem Wasser und dem Heiligen Geist neues Leben geschenkt. Wir bitten dich, Herr, sende ihnen den Heiligen Geist, den Beistand. Gib ihnen den Geist der Weisheit und der Einsicht, des Rates, der Erkenntnis und der Stärke, den Geist der Frömmigkeit und der Gottesfurcht. Durch Christus, unseren Herrn"[180].

Es folgt der *wesentliche Ritus* des Sakramentes. Im lateinischen Ritus wird das Sakrament der Firmung gespendet „durch die Salbung mit Chrisam auf die Stirn unter Auflegen der Hand und durch die Worte: ‚Sei besiegelt durch die Gabe Gottes, den Heiligen Geist‘"[181]. In den Ostkirchen werden nach einem Epiklesegebet die wichtigsten Körperstellen mit Myron gesalbt: Stirn, Augen, Nase, Ohren, Lippen, Brust, Rücken, Hände und Füße. Bei jeder Salbung wird die Formel gesprochen: „Siegel der Gabe des Heiligen Geistes"[182].

---

[178]   vgl. SC 71

[179]   Vgl. CIC, Can. 866

[180]   *Ordo Confirmationis*, 9; vgl. dazu auch n. 1831

[181]   PAUL VI., Ap. Konst. *Divinæ consortium naturæ* (15. 8. 1971)

[182]   Vgl. dazu auch n. 699

Der Friedensgruß, mit dem der Ritus des Sakramentes abschließt, bezeichnet und bezeugt die kirchliche Gemeinschaft mit dem Bischof und mit allen Gläubigen[183].

Confirmationis celebratio

Magni momenti ritus, qui celebrationem Confirmationis praecedit, sed qui, quodammodo, eius efficit partem, est *sancti chrismatis consecratio*. Episcopus, Feria quinta in Cena Domini, intra Missam chrismalem, sanctum chrisma pro tota sua consecrat dioecesi. In Ecclesiis Orientalibus, haec consecratio Patriarchae etiam reservatur:

Liturgia Antiochena, sic Epiclesim consecrationis sancti chrismatis (quod graece dicitur μύρον) exprimit: « [Pater (...) Spiritum Sanctum mitte] super nos et super unguentum hoc propositum, et sanctifica ipsum, ut sit omnibus qui eo perungentur et consignabuntur myron sanctum, myron sacerdotale, unguentum regale, indumentum lucidum, amictus salutis, custodia vitae, munus spirituale, sanctitas animarum et corporum, laetitia cordis, suavitas aeterna, gaudium indefectibile, sigillum illaesum, scutum fidei, galea terribilis adversus omnem operationem Adversarii[184] ».

Cum Confirmatio separatim a Baptismo celebratur, sicut in ritu Romano accidit, sacramenti liturgia renovatione promissionum Baptismi et Professione fidei confirmandorum incipit. Sic clare apparet Confirmationem in continuitate cum Baptismo collocari[185]. Cum adultus baptizatur, immediate Confirmationem recipit et Eucharistiam participat[186].

In ritu Romano, Episcopus manus super universos confirmandos extendit, qui quidem gestus, inde ab Apostolorum temporibus, signum est doni Spiritus. Et sic Episcopus effusionem invocat Spiritus:

« Deus omnipotens, Pater Domini nostri Iesu Christi, qui hos famulos regenerasti ex aqua et Spiritu Sancto, liberans eos a peccato, Tu, Domine immitte in eos Spiritum Sanctum Paraclitum; da eis spiritum sapientiae et intellectus, spiritum consilii et fortitudinis, spiritum scientiae et pietatis; adimple eos spiritu timoris Tui. Per Christum Dominum nostrum[187] ».

Sacramenti sequitur *ritus essentialis*. In ritu latino, « sacramentum Confirmationis confertur per unctionem chrismatis in fronte, quae fit manus impositione, atque per verba: "*Accipe signaculum doni Spiritus Sancti*"[188] ». In Ecclesiis Orientalibus Byzantini

---

[183]   Vgl. HIPPOLYT, *Trad. ap.*, 21

[184]   *Pontificale iuxta ritum Ecclesiae Syrorum Occidentalium id est Antiochiae*, Pars I, Versio latina (Typis Polyglottis Vaticanis 1941) p. 36-37

[185]   Cf. CONCILIUM VATICANUM II, Const. *Sacrosanctum Concilium*, 71 (AAS 56 (1964) 118)

[186]   Cf. CIC, Can. 866

[187]   *Ordo Confirmationis*, 25 (Typis Polyglottis Vaticanis 1973) p. 26

[188]   PAULUS VI, Const. ap. *Divinae consortium naturae* (15. 8. 1971)(AAS 63 (1971) 657)

ritus, unctio (Myron) fit post Epiclesis orationem, super partes corporis magis signi-ficativas: frontem, oculos, nares, aures, labia, pectus, dorsum, manus et pedes; sin-gulas unctiones comitatur formula: « *Signaculum doni Spiritus Sancti* »[189].

Osculum pacis quod ritum concludit sacramenti, communionem ecclesialem cum Episcopo et cum omnibus fidelibus indicat et manifestat[190].

136. Katechismus der katholischen Kirche (25. 6. 1992/1997), n. 1302-1305. Die Wirkungen der Firmung

Die Liturgie verdeutlicht, daß das Sakrament der Firmung die Ausgie-ßung des Heiligen Geistes in Fülle bewirkt, wie sie einst am Pfingsttag den Aposteln zuteil wurde[191].

Darum führt die Firmung zum Wachstum und zur Vertiefung der Tauf-gnade[192]:

– Sie verwurzelt uns tiefer in der Gotteskindschaft, die uns sagen lässt: „Abba, Vater!" (Röm 8, 15);

– sie vereint uns fester mit Christus; – sie vermehrt in uns die Gaben des Heiligen Geistes; – sie verbindet uns vollkommener mit der Kirche[193]; – sie schenkt uns eine besondere Kraft des Heiligen Geistes, um in Wort und Tat als wahre Zeugen Christi den Glauben auszubreiten und zu verteidigen, den Namen Christi tapfer zu bekennen und uns nie des Kreuzes zu schä-men[194].

„So erinnere dich daran, dass du die Besiegelung durch den Geist emp-fangen hast: den Geist der Weisheit und der Einsicht, den Geist des Rates und der Stärke, den Geist der Erkenntnis und der Frömmigkeit, den Geist der heiligen Furcht, und bewahre, was du empfangen hast! Gott Vater hat dich besiegelt, Christus der Herr dich gestärkt und das Pfand des Geistes in dein Herz gegeben" (*Ambrosius*[195]).

---

[189] *Rituale per le Chiese orientali di rito bizantino in lingua greca*, Pars 1 (Libreria Editrice Vaticana 1954) p. 36

[190] Cf. HIPPOLYTUS ROMANUS, *Traditio apostolica*, 21; ed. B. Botte, Münster i.W. 1989, p. 54

[191] Vgl. dazu auch n. 731

[192] Vgl. dazu auch n. 1262–1274

[193] Vgl. VATICANUM II, *Lumen gentium*, 11

[194] Vgl. DS 1319; *Lumen gentium*, 11; 12; vgl. dazu auch n. 2044

[195] AMBROSIUS, *De myst.* 7, 42

Wie die Taufe, deren Vollendung sie ist, wird die Firmung nur ein einziges Mal gespendet. Die Firmung prägt ja der Seele ein *unauslöschliches geistiges Zeichen* ein, den „Charakter"[196]. Dieser ist Zeichen dafür, dass Jesus Christus einen Christen mit dem Siegel seines Geistes gekennzeichnet und ihm die Kraft von oben verliehen hat, damit er sein Zeuge sei [vgl. Lk 24, 48-49][197].

Dieser „Charakter" vervollkommnet das in der Taufe empfangene gemeinsame Priestertum der Gläubigen. Der Gefirmte erhält „die Macht, öffentlich den Glauben an Christus wie von Amtes wegen [quasi ex officio] mit Worten zu bekennen"[198].

III. Confirmationis effectus

E celebratione patet effectum sacramenti Confirmationis specialem esse Spiritus Sancti effusionem, sicut fuit illa olim die Pentecostes Apostolis concessa.

Hac de causa, Confirmatio augmentum et altiorem penetrationem affert gratiae baptismalis:

– nos profundius in filiationem radicat divinam in qua clamamus: « *Abba*, Pater!» (Rom 8, 15); – nos Christo firmius unit; – dona Spiritus Sancti in nobis auget; – nostrum vinculum cum Ecclesia reddit perfectius[199]; – nobis specialem Spiritus Sancti concedit vim, ut fidem verbo et opere propagemus et defendamus tamquam veri Christi testes, ut nomen Christi strenue confiteamur neque experiamur coram cruce ruborem[200]:

« Unde repete, quia accepisti signaculum spirituale, spiritum sapientiae et intellectus, spiritum consilii atque virtutis, spiritum cognitionis atque pietatis, spiritum sancti timoris, et serva quod accepisti. Signavit te Deus Pater, confirmavit te Christus Dominus, et dedit pignus, Spiritum, in cordibus tuis[201] »

Confirmatio, sicut Baptismus cuius est perfectio, solum semel confertur. Confirmatio etenim in anima imprimit *signum spirituale indelebile*, « characterem[202] », qui

---

196 Vgl. DS 1609

197 Vgl. dazu auch n. 1121

198 THOMAS de Aquino, *S. th.* III, q 72, 5, ad 2. Vgl. dazu auch n. 1268

199 Cf. CONCILIUM VATICANUM II, Const. dogm. *Lumen gentium*, 11 (AAS 57 (1965))

200 Cf. CONCILIUM FLORENTINUM, *Decretum pro Armenis* (DS 1319); CONCILIUM VATICANUM II, Const. dogm. *Lumen gentium*, 11 (AAS 57 (1965) 15); Ibid., 12 (AAS 57 (1965) 16)

201 AMBROSIUS, *De mysteriis*, 7, 42 (CSEL 73, 106; PL 16, 402-403).

202 cf. CONCILIUM TRIDENTINUM, Sess. 7a, *Decretum de sacramentis*, Canones de sacramentis in genere, Can. 9 (DS 1609)

significat Iesum Christum sigillo Sui Spiritus christianum signavisse, eum virtute superinduens ex alto ut ipse Eius sit testis (cf. Lc 24, 48-49).

« Character » sacerdotium commune fidelium, in Baptismo receptum, perficit, et « confirmatus accipit potestatem publice fidem Christi verbis profitendi, *quasi ex officio*[203] ».

137. Katechismus der katholischen Kirche (25. 6. 1992/1997), n. 1306-1311. Wer kann die Firmung empfangen?

Jeder Getaufte, der noch nicht gefirmt ist, kann und soll das Sakrament der Firmung empfangen[204]. Da Taufe, Firmung und Eucharistie eine Einheit bilden, sind „die Gläubigen ... verpflichtet, dieses Sakrament rechtzeitig zu empfangen"[205], denn ohne die Firmung und die Eucharistie ist das Sakrament der Taufe zwar gültig und wirksam, aber die christliche Initiation noch unvollendet[206].

Nach der lateinischen Tradition ist das „Unterscheidungsalter" der gegebene Zeitpunkt, um die Firmung zu empfangen. In Todesgefahr sind jedoch schon Kinder zu firmen, auch wenn sie noch nicht zum Unterscheidungsalter gelangt sind[207].

Wenn zuweilen von der Firmung als dem „Sakrament der christlichen Mündigkeit" die Rede ist, sollte man das Alter des Erwachsenseins im Glauben nicht dem Alter des natürlichen Erwachsenseins gleichsetzen. Auch sollte man nicht vergessen, dass die Taufgnade eine ungeschuldete und unverdiente Erwählungsgnade ist, die nicht einer „Bestätigung" bedarf, damit sie wirksam ist. Der hl. *Thomas von Aquin* erinnert daran[208]: „Das leibliche Alter ist nicht maßgebend für das der Seele; darum kann der Mensch auch im Kindesalter das geistige Vollalter erlangen, von dem das Buch der Weisheit (4, 8) sagt: *,Ehrenvolles Alter besteht nicht in einem langen Leben und wird nicht an der Zahl der Jahre gemessen'*. Daher kommt es, dass viele im Kindesalter wegen der empfangenen Kraft des Heiligen Geistes tapfer bis aufs Blut für Christus gekämpft haben"[209].

---

[203] THOMAS AQUINAS, *S th.*, III, q. 72, a. 5, ad 2 (ed. Leon. 12, 130)

[204] Vgl. CIC, Can. 889, § 1

[205] CIC, Can. 890

[206] Vgl. dazu auch n.1212

[207] Vgl. CIC, Can. 891; 883, 3

[208] Vgl. dazu auch n. 1250

[209] THOMAS, *S. th.* III, 72, 8, ad 2

Die *Vorbereitung* auf die Firmung muss darauf hin zielen, den Christen zu einer engeren Einheit mit Christus, zu einer lebendigeren Vertrautheit mit dem Heiligen Geist, seinem Wirken, seinen Gaben und seinen Anregungen zu führen, damit er so die apostolischen Verpflichtungen des christlichen Lebens besser auf sich nehmen kann. Deshalb wird sich die Firmkatechese bemühen, den Sinn für die Zugehörigkeit zur Kirche Jesu Christi – sowohl zur Weltkirche als auch zur Pfarrgemeinde – zu wecken. Letztere hat bei der Vorbereitung der Firmlinge eine besondere Verantwortung[210].

Um die Firmung zu empfangen, muss man im Stand der Gnade sein. Es empfiehlt sich daher, das Bußsakrament zu empfangen, um zum Empfang der Gabe des Heiligen Geistes geläutert zu sein. Außerdem soll intensives Gebet darauf vorbereiten, die Kraft und die Gnaden des Heiligen Geistes mit innerer Bereitschaft aufzunehmen [vgl. Apg 1, 14][211].

Es ist ratsam, dass die Firmlinge wie bei der Taufe die geistige Hilfe eines *Paten* oder einer *Patin* in Anspruch nehmen. Um die Einheit der beiden Sakramente zu verdeutlichen, empfiehlt es sich, dass der Taufpate auch Firmpate ist[212].

IV. Quis hoc sacramentum recipere potest?

Omnis baptizatus nondum confirmatus sacramentum Confirmationis recipere potest et debet[213]. Quia Baptismus, Confirmatio et Eucharistia unitatem efformant, consequenter « fideles tenentur obligatione hoc sacramentum tempestive recipiendi[214] », quia sacramentum Baptismi, sine Confirmatione et Eucharistia, validum utique est et efficax, sed initiatio christiana incompleta manet.

Consuetudo latina, inde a saeculis, ad Confirmationem recipiendam, « aetatem discretionis » indicat tamquam punctum ad quod referri oportet. In mortis tamen periculo, infantes confirmari debent, etiamsi nondum ad aetatem pervenerint discretionis[215].

Si quandoque de Confirmatione tamquam de « sacramento maturitatis christianae » fit sermo, oporteret non propterea aetatem adultam fidei cum aetate adulta naturalis incrementi confundere, neque oblivisci gratiam baptismalem gratiam esse

---

[210]   Vgl. ORDO CONFIRMATIONIS, *prænotanda,* 13

[211]   Vgl. dazu auch n. 2670

[212]   Vgl. ORDO CONFIRMATIONIS, *praænotanda,* 15; 16; CIC, Can. 893, § 1.2. Vgl. dazu auch n. 1255

[213]   Cf. CIC, Can. 889, § 1

[214]   CIC, Can. 890

[215]   Cf. CIC, Can. 891. 883, 3

electionis gratuitae et immeritae quae « ratihabitione » non eget ut efficax efficiatur. Sanctus Thomas id in memoriam revocat:

« Aetas corporis non praeiudicat animae. Unde etiam in puerili aetate homo potest consequi perfectionem spiritualis aetatis: de qua dicitur Sapientia [4, 8]: "*Senectus venerabilis est non diuturna, neque numero annorum computata*". Et inde est, quod multi in puerili aetate propter robur Spiritus Sancti perceptum, usque ad sanguinem fortiter certaverunt pro Christo[216] ».

Praeparatio ad Confirmationem intendere debet, christianum ad intimiorem cum Christo unionem ducere, ad vividiorem cum Spiritu Sancto, cum Eius actione, cum Eius donis et cum Eius vocationibus familiaritatem, ut melius responsabilitates apostolicas vitae christianae assumere possit. Hac de causa, catechesis Confirmationis conabitur suscitare sensum pertinendi ad Iesu Christi Ecclesiam, tam ad Ecclesiam universalem quam ad paroecialem communitatem. Haec ultima specialem in confirmandorum praeparatione habet responsabilitatem[217].

Ad Confirmationem suscipiendam, status gratiae necessarius est. Oportet ad sacramentum Poenitentiae recurrere, ut quis purificetur in ordine ad Sancti Spiritus donum. Intensior oratio disponere debet ad virtutem et gratias Sancti Spiritus, cum docilitate et promptitudine, recipiendas (cf. Act 1, 14).

Pro Confirmatione, sicut pro Baptismo, candidatos oportet spirituale *patrini* vel *matrinae* quaerere adiutorium. Ad utriusque sacramenti unitatem bene efferendam, oportet illum esse eumdem ac pro Baptismo[218].

138. Katechismus der katholischen Kirche (25. 6. 1992/1997), n. 1312-1317. Der Spender der Firmung

Ursprünglicher Spender der Firmung ist der Bischof[219]. Im *Osten* spendet der Priester, der tauft, üblicherweise gleich darauf in ein und derselben Feier auch die Firmung. Er tut dies jedoch mit dem vom Patriarchen oder Bischof geweihten heiligen Chrisam, was die apostolische Einheit der Kirche zum Ausdruck bringt, deren Band durch das Firmsakrament gestärkt wird. Dieser Ordnung folgt auch die lateinische Kirche bei Erwachsenentaufen oder dann, wenn ein in einer anderen christlichen Gemeinschaft Getaufter, der das Sakrament der Firmung nicht gültig empfangen hat, in die volle Gemeinschaft mit der Kirche aufgenommen wird[220].

---

[216] THOMAS AQUINAS, *S. th.*, III, q 72 a 8, ad 2: Ed. Leon. 12, 133

[217] cf. *Ordo Confirmationis*, Praenotanda, 3 (Typis Polyglottis Vaticanis, 1973) p. 16.

[218] Cf *Ordo Confirmationis*, Praenotanda, 5 (Typis Polyglottis Vaticanis 1973) p. 17; *Ibid.*, 6 (Typis Polyglottis Vaticanis 1973) p. 17; CIC, Can. 893, § 1-2

[219] Vgl. VATICANUM II, *Lumen gentium*, 26

[220] Vgl. CIC, Can. 883, § 2; vgl. dazu auch n. 1233

Im *lateinischen Ritus* ist der Bischof der ordentliche Spender der Firmung[221]. Obwohl der Bischof aus schwerwiegenden Gründen Priestern die Vollmacht gewähren kann, die Firmung zu spenden[222], entspricht es doch dem Sinn des Sakramentes, dass er es selbst spendet. Schließlich ist gerade aus diesem Grund der Zeitpunkt der Feier der Firmung von dem der Taufe getrennt worden. Die Bischöfe sind die Nachfolger der Apostel und haben als solche die Fülle des Weihesakramentes erhalten. Wenn sie selbst die Firmung spenden, wird treffend zum Ausdruck gebracht, dass diese ihre Empfänger enger mit der Kirche, mit ihren apostolischen Ursprüngen und ihrer Sendung zum Zeugnis für Christus verbindet[223].

Falls ein Christ in Todesgefahr ist, darf jeder Priester ihm die Firmung spenden[224]. Die Kirche will, dass keines ihrer Kinder, und sei es auch noch so klein, diese Welt verlässt, ohne durch den Heiligen Geist mit der Gabe der Fülle Christi vollendet worden zu sein.

V. Confirmationis minister

Confirmationis *minister originarius* est Episcopus[225].

In *Oriente* communiter presbyter qui baptizat, etiam immediate Confirmationem confert in una eademque celebratione. Illud tamen efficit cum sancto chrismate consecrato a Patriarcha vel Episcopo, id quod unitatem Ecclesiae exprimit apostolicam, cuius vincula sacramento corroborantur Confirmationis. In Ecclesia latina eadem adhibetur disciplina in Baptismate adultorum vel cum in plenam communionem admittitur cum Ecclesia baptizatus alius communitatis christianae quae sacramentum Confirmationis validum non habet[226].

In ritu latino, minister ordinarius Confirmationis est Episcopus[227]. Licet Episcopus, si adsit necessitas, presbyteris facultatem concedere possit Confirmationem administrandi[228], oportet, ipsum illam conferre, ne obliviscatur celebrationem Confirmationis a Baptismo temporaliter hac de causa esse separatam. Episcopi Apostolorum sunt successores, ipsi plenitudinem sacramenti Ordinis receperunt. Administratio huius sacramenti ab ipsis bene significat, illud tamquam effectum habere,

---

[221] Vgl. CIC, Can. 882

[222] Vgl. CIC, Can. 884, § 2

[223] Vgl. dazu auch n. 1290, 1285

[224] Vgl. CIC, Can. 883, § 3

[225] Cf. CONCILIUM VATICANUM II, Const. dogm. *Lumen gentium*, 26 (AAS 57 (1965) 32)

[226] Cf. CIC, Can. 883, § 2

[227] Cf. CIC, Can. 882

[228] Cf. CIC, Can. 884, § 2

eos, qui illud recipiunt, arctius cum Ecclesia coniungere, cum eius apostolicis originibus et cum eius missione Christum testandi.

Si christianus in mortis versatur periculo, quilibet sacerdos illi Confirmationem potest conferre[229]. Revera Ecclesia nullum e suis filiis, etiam maxime parvulum, ex hoc mundo vult proficisci, quin a Spiritu Sancto prius perficiatur dono plenitudinis Christi.

139. Katechismus der katholischen Kirche (25. 6. 1992/1997), n. 1315-1321. Kurztexte

„Als die Apostel in Jerusalem hörten, daß Samaria das Wort Gottes angenommen hatte, schickten sie Petrus und Johannes dorthin. Diese zogen hinab und beteten für sie, sie möchten den Heiligen Geist empfangen. Denn er war noch auf keinen von ihnen herabgekommen; sie waren nur auf den Namen Jesu des Herrn getauft. Dann legten sie ihnen die Hände auf und sie empfingen den Heiligen Geist" (Apg 8, 14–17).

Die Firmung vollendet die Taufgnade. Sie ist das Sakrament, das den Heiligen Geist verleiht, um uns in der Gotteskindschaft tiefer zu verwurzeln, uns fester in Christus einzugliedern, unsere Verbindung mit der Kirche zu stärken, uns mehr an ihrer Sendung zu beteiligen und uns zu helfen, in Wort und Tat für den christlichen Glauben Zeugnis zu geben.

Wie die Taufe prägt auch die Firmung der Seele des Christen ein geistliches Zeichen, ein unauslöschliches Siegel ein; deshalb kann man dieses Sakrament nur einmal empfangen.

Im Osten wird die Firmung unmittelbar nach der Taufe gespendet; darauf folgt die Teilnahme an der Eucharistie – eine Tradition, welche die Einheit der drei Sakramente der christlichen Initiation hervorhebt. In der lateinischen Kirche spendet man die Firmung dann, wenn das Alter des Vernunftgebrauches erreicht ist; man behält die Feier für gewöhnlich dem Bischof vor, um anzudeuten, dass dieses Sakrament die Verbindung mit der Kirche festigt.

Ein Firmling, der das Alter des Vernunftgebrauchs erreicht hat, muss den Glauben bekennen, im Stande der Gnade sein, die Absicht haben, die Firmung zu empfangen und bereit sein, in der kirchlichen Gemeinschaft und in der Welt seine Aufgabe als Jünger und Zeuge Christi auf sich zu nehmen.

Der wesentliche Ritus der Firmung besteht darin, dass der Getaufte auf der Stirn mit dem heiligen Chrisam gesalbt wird (im Osten werden auch andere Körperstellen gesalbt). Dabei legt der Spender ihm die Hand auf

---

[229] Cf. CIC, Can. 883, 3

und sagt im römischen Ritus: „Sei besiegelt durch die Gabe Gottes, den Heiligen Geist", im byzantinischen Ritus: „Siegel der Gabe des Heiligen Geistes".

Wird die Firmung von der Taufe getrennt gefeiert, wird ihr Zusammenhang mit der Taufe unter anderem durch die Erneuerung des Taufgelübdes zum Ausdruck gebracht. Die Spendung der Firmung innerhalb der Eucharistiefeier trägt dazu bei, die Einheit der Sakramente der christlichen Initiation hervorzuheben.

Compendium

« Cum autem audissent Apostoli, qui erant Hierosolymis, quia recepit Samaria verbum Dei, miserunt ad illos Petrum et Ioannem, qui cum descendissent, oraverunt pro ipsis, ut acciperent Spiritum Sanctum; nondum enim super quemquam illorum venerat, sed baptizati tantum erant in nomine Domini Iesu. Tunc imposuerunt manus super illos, et accipiebant Spiritum Sanctum » (Act 8,14-17).

Confirmatio gratiam perficit baptismalem; est sacramentum quod Spiritum Sanctum donat ad nos profundius in filiatione divina radicandos, ad nos firmius Christo incorporandos, ad solidius nostrum vinculum efficiendum cum Ecclesia, ad nos magis Eius missioni sociandos et ad nos adiuvandos ut testimonium fidei christianae reddamus verbo quod opera comitentur.

Confirmatio, sicut Baptismus, in christiani anima signum spirituale seu characterem imprimit indelebilem; hac de causa, sacramentum non nisi semel in vita recipi potest.

In Oriente, hoc sacramentum immediate post Baptismum administratur; illud participatio sequitur Eucharistiae; haec traditio unitatem trium sacramentorum initiationis christianae effert. In Ecclesia latina, hoc sacramentum administratur cum aetas rationis attingitur et eius celebratio communiter Episcopo reservatur, ita significando hoc sacramentum vinculum firmare ecclesiale.

Candidatus ad Confirmationem, qui ad rationis pervenerit aetatem, fidem debet profiteri, in gratiae statu esse, intentionem habere recipiendi sacramentum et paratum esse ad munus assumendi discipuli et testis Christi, in communitate ecclesiali et in negotiis temporalibus.

Ritus essentialis Confirmationis est unctio cum sancto chrismate super frontem baptizati (in Oriente etiam super alia sensuum organa), cum impositione manus ministri et verbis: « Accipe signaculum doni Spiritus Sancti » in ritu Romano, « Signaculum doni Spiritus Sancti » in ritu Byzantino.

Cum Confirmatio separatim a Baptismo celebratur, eius vinculum cum Baptismo, inter alia, per renovationem exprimitur baptismalium promissionum. Celebratio Confirmationis intra Eucharistiam ad unitatem confert sacramentorum initiationis christianae efferendam.

140. Laun, Andreas, Weihbischof, (14. 7. 2003), *Wie erklärt ein Bischof die Firmung? - Eine ungewöhnliche „Computer-Predigt*

Jeder Bischof steht vor dieser Frage und jeder hat seine Art, sie zu beantworten. Prediger aller Zeiten haben sich verschiedener Bilder und Vergleiche bedient – solche, die der Erfahrungswelt ihrer jungen Zuhörer entsprechen. [...]

Was ist Firmung? Firmung ist, wenn der Bischof ein Programm Gottes „downloadet" in die Herzen der Firmlinge und es dort abspeichert. Man sieht nichts, der Firmling schaut vor und nach der Firmung gleich aus und fühlt sich nicht anders als vorher. Nur – in seinem Herzen ist das „Gottesprogramm" und wartet darauf, „angeklickt" zu werden. Nur dann nämlich geht es auf und zeigt in seinem „Menü", was es kann: Es bieten sich an die „sieben Gaben", dann der „Trost", der „Helfer", der „Geist der Wahrheit", das umschmelzende „Feuer", der mitreißende „Sturm", das große Sprachen übersteigende „Verstehen". ... Übrigens hat dieses „Gottesprogramm" eine Sonderheit: Es hat neben den für alle „User" gleichen Angeboten ein individuelles Menü, das zu öffnen das persönliche Kennwort braucht (den „Namen", den niemand kennt außer Gott) – dort erfährt der Gefirmte den besonderen Willen Gottes für sein Leben. Dabei gibt es manchmal eine Rückfrage des Programms: „Willst Du wirklich?" Oder: „Bist Du bereit?" oder „Drücke auf ‚Maria'!" Da kommt dann die richtige Antwort, die man nur noch anklicken muss: „Siehe, ich bin die Magd des Herrn!" Das Programm hat auch eine Hilfsfunktion, die Fragen beantwortet. Sie sind in einem Menü namens „Katechismus" abrufbar.

Allerdings, das Programm ist zwar von Gott, aber auf menschlichschwachen Festplatten-Herzen gespeichert, und darum kann es durch falsche Bedienung auch abstürzen. In diesem Fall bedarf es einer neuen „Installation" namens „Beichte".

Wichtig ist auch, ein „Anti-Virus-Programm" zu installieren und ständig „upzudaten" –" (die in dieser virtuellen Welt „Versuchungen" heißen) muss gerechnet werden. Das „Update" geht von selbst, wenn der Gefirmte regelmäßig die Sakramente empfängt und vor allem demütig bleibt. Aber ohne solchen Schutz geht es nicht, weil der Virus-Hersteller („Lügner von Anfang an") einfach allen überlegen ist, auch den ganz Gescheiten.

Ein Programmteil ist das „Outlook Gottes", also der „Ausblick" auf Gott hin: Da gibt es Emails von Gott und zu Ihm, je nach dem. Emails kann man nicht bestellen, sie kommen oft unerwartet, manchmal mit einem „attachment", das sich gar nicht so leicht öffnen lässt – bis es endlich gelingt und man weiß, was Gott sagen will. Übrigens ist es nicht immer sicher, von wem sie kommen, und bevor man sie wirklich aufmacht, sollte man sie prüfen – Fachleute können dabei behilflich sein. Fachleute sind dabei einfach Menschen, die mit dem Gottesprogramm schon lange Erfahrung haben. Der alte Ausdruck für diese Vorsicht mit unbekannten Emails ist „Prüfung der Geister".

Das „Gottesprogramm" hat eine Fülle von „Links", die es zu erforschen gilt. Oder auch: Es ist vernetzt mit allen anderen, die mit ihm arbeiten. Im Glaubensbekenntnis hat man das die „Gemeinschaft der Heiligen" genannt. Zum besseren Verständnis des Programms empfiehlt sich, vernetzt zu arbeiten. Heilige sind Fachleute, die sich im Programm gut auskennen und wichtige „Tools" schicken.

Das „Gottesprogramm" verfügt übrigens über eine GPS-Funktion: Auf dem Laptop installiert sagt es auf unbekannten Straßen den Weg an.

Und so weiter, und so weiter.... [230]

---

[230]   [...] Natürlich kann man einen solchen Vergleich sozusagen „zu-Tode-vergleichen", das heißt ihn so ausbauen, dass sich der Zuhörer in der Computerwelt verliert und vergisst, was damit verständlich gemacht werden soll. Aber maßvoll eingesetzt ist er nach meiner Erfahrung ausgezeichnet. Der Beweis: Meine jungen Zuhörer waren begeistert; und eine Gruppe hat bereits geantwortet – per Email natürlich:

„Sehr geehrter Herr Weihbischof!

Das Wichtigste gleich vorweg: Der von Ihnen eingeleitete Download-Prozess läuft nach wie vor... (Donnerwetter, das Programm scheint größer zu sein als sich der Firmspender gedacht hat...!) Wir stellen fest, dass die Datenmenge, die da jetzt auf uns förmlich niederprasselt, enorm ist. ... Unsere grundsätzlich äußerst skeptische Viren-Scan-Software hat sich einverstanden erklärt, das *Programm* durch die Firewall zu lassen (Das war eine Vorausfunktion des Programms, die darauf hinweist, dass das Programm tatsächlich überirdisch ist: Es wirkt schon vor der Installation!). Dies obwohl wir das angesichts der bereits vorhandenen vielfältigen Applikationssoftware (Schule, Familie und Freundeskreis, Pubertät udgl.), die unsere RAM-Speicher von morgens bis abends vollständig niederfährt und heftigst belastet, kaum mehr für möglich gehalten haben (...). Es kann heute noch nicht gesagt werden, wie lange dieser Download-Vorgang anhalten wird, ja ob er überhaupt einmal vollständig abgeschlossen werden kann (Sicher nie abgeschlossen – ständig neue Update-Funktion, läuft im Hintergrund!), doch ist zu unser aller Erstaunen festzustellen, dass sich das *Programm* bereits in unserer Autostart-Datei bemerkbar macht, wodurch es viele Datenmengen, die auf unserer Festplatte schon gesammelt wurden und die tagtäglich in unzähliger Fülle auf uns einströmen, bereits zu ordnen beginnt (Ja, das war zu erwarten!). Dadurch wird das Chaos auf unseren Hard-Disks durch eine – für uns noch nicht ganz verständliche – Ordnung ersetzt, die es uns eines Tages ermöglichen wird, die Fragen und Aufgaben unseres Lebens besser einzuordnen und zu verstehen (Super!).

Natürlich sind wir von diesem *Programm* absolut begeistert, wenngleich wir noch bei weitem nicht alle Tools - welche wohl (im wahrsten Sinne des Wortes) unzählig sein werden – erforscht haben (Gottesprogramme bleiben immer irgendwie unerforschlich) Unser jugendlicher Entdeckungsdrang wird uns aber eine ganze Menge an Anwendungs- und Utility-Möglichkeiten finden lassen (Sicher!). Besonders angetan sind wir bereits jetzt schon davon, dass man sich nach eigenem Gutdünken und individuellem Bedarf im Rahmen eines

141. Papst Benedikt XVI (20. 7. 2007), *Botschaft anlässlich des 23. Weltjugendtages*

6. Die Sakramente der Firmung und der Eucharistie.

Aber, so werdet Ihr sagen, wie können wir uns vom Heiligen Geist erneuern lassen und in unserem geistlichen Leben wachsen? Wie Ihr wisst, lautet die Antwort darauf: Das kann man durch die Sakramente, weil der Glaube durch die Sakramente in uns entsteht und sich kräftigt, vor allem durch die Sakramente der christlichen Initiation: die Taufe, die Firmung und die Eucharistie, die einander ergänzen und untrennbar voneinander sind[231]. Diese Wahrheit über die drei Sakramente, die am Anfang unseres Christseins stehen, wird vielleicht im Glaubensleben nicht weniger Christen vernachlässigt, für die es in der Vergangenheit vollzogene Handlungen sind, die keinen wirklichen Einfluss auf das Heute haben, wie Wurzeln ohne Lebenssaft. Es kommt vor, dass sich manche Jugendliche nach dem Empfang des Sakramentes der Firmung von einem Leben aus dem Glauben entfernen. Und es gibt auch Jugendliche, die dieses Sakrament gar nicht empfangen. Und dennoch geschieht es durch die Sakramente der Taufe, der Firmung und in beständiger Weise durch die Eucharistie, dass der Heilige Geist uns zu Söhnen des Vaters, zu Brüdern und Schwestern Jesu und Gliedern seiner Kirche macht, fähig zu einem wahren Zeugnis für das Evangelium, die Freude des Glaubens genießend.

Deshalb lade ich Euch ein, über das nachzudenken, was ich Euch hier schreibe. Heute ist es besonders wichtig, das Sakrament der Firmung und

---

weltweiten Support-Networks immer wieder von speziell ausgebildeten Software-Spezialisten (unsere Eltern nennen diese „Priester") wertvolle Tipps & Ratschläge (in unserer jugendlichen Fachsprache „cheats"), holen und jeden Sonntag eine gemeinsame Software-Schulung abonnieren kann (Manchmal wissen die User mehr als die Fachleute...!), die man einfach nur in Anspruch zu nehmen braucht, um nicht auf dem Niveau eines Einsteiger-Users zu verkümmern. ... Online-Dienste via E-Mail (die Generation unserer Eltern und Lehrer verwendet dafür den Ausdruck „Gebete"), die rund um die Uhr angeboten werden, sollten für uns noch mehr an Bedeutung erlangen. Wir sind als einfache User von den Perspektiven und Möglichkeiten, die dieses *Programm* ermöglicht, einfach hingerissen – cool (Ja, wirklich megacool!).

Natürlich werden wir uns auch mit unseren Pflichten aus dem Lizenzvertrag näher auseinander zu setzen haben (bloß den „I AGREE"-Button zu drücken /„ICH GLAUBE" zu sagen allein genügt natürlich nicht, das ist uns schon klar – Ja, aber ohne den Agree-Button geht es auch nicht!)... aber das ist eine andere Geschichte. – Jetzt erforschen wir einmal die diversen Levels, welche für unsere User-Generation vorgesehen sind.

Es war uns ein Bedürfnis, Ihnen dieses erste Feedback zu dem von Ihnen so wärmstens empfohlenen *Programm* zu geben, und Ihnen zu zeigen, dass Sie mit Ihrer Predigt so manchen zum Nachdenken angeregt haben. [...] Ihre [...] Firmlinge ...

[231] Vgl. *Katechismus der Katholischen Kirche*, 1285

seinen Wert für unser geistliches Wachstum wiederzuentdecken. Wer die Sakramente der Taufe und der Firmung empfangen hat, soll sich daran erinnern, dass er »Tempel des Heiligen Geistes« geworden ist: Gott wohnt in ihm. Er soll sich dessen bewusst sein und dafür sorgen, dass der Schatz, der in ihm ist, Früchte der Heiligkeit trägt. Wer getauft ist, aber das Sakrament der Firmung noch nicht empfangen hat, möge sich darauf vorbereiten, es zu empfangen in dem Wissen, dass er so ein »vollendeter« Christ wird, denn die Firmung vervollkommnet die Taufgnade[232].

Die Firmung verleiht uns eine *besondere Kraft*, um mit unserem ganzen Leben Gott zu bezeugen und zu verherrlichen (vgl. Röm 12, 1); sie macht uns zutiefst unsere Zugehörigkeit zur Kirche, dem »*Leib Christi*«, bewusst, dessen lebendige, untereinander solidarische Glieder wir sind (vgl. 1 Kor 12, 12–25). Wenn er sich vom Heiligen Geist führen lässt, kann jeder Getaufte seinen eigenen Beitrag zum Aufbau der Kirche leisten, dank der *Charismen*, die er verleiht, denn *jedem* »wird die Offenbarung des Geistes geschenkt, damit sie *anderen nützt*« (1 Kor 12, 7). Und wenn der Geist handelt, bringt er im Herzen seine Früchte: »*Liebe, Freude, Friede, Langmut, Freundlichkeit, Güte, Treue, Sanftmut und Selbstbeherrschung*« (Gal 5, 22). An alle unter Euch, die das Sakrament der Firmung noch nicht empfangen haben, richte ich die herzliche Einladung, sich auf den Empfang vorzubereiten, indem sie ihre Priester um Hilfe bitten. Es ist eine besondere Gelegenheit der Gnade, die der Herr Euch anbietet: Lasst sie Euch nicht entgehen!

Ich möchte hier ein Wort über die Eucharistie hinzufügen. Um im christlichen Leben zu wachsen, ist es notwendig, sich mit dem Leib und dem Blut Christi zu nähren: denn wir sind getauft und gefirmt im Hinblick auf die Eucharistie[233]. Als »Quelle und Höhepunkt« des kirchlichen Lebens ist die Eucharistie ein »fortwährendes Pfingsten«, denn jedesmal wenn wir die heilige Messe feiern, empfangen wir den Heiligen Geist, der uns tiefer mit Christus vereint und uns ihm ähnlich macht. Wenn Ihr, liebe Jugendliche, häufig an der Eucharistiefeier teilnehmt, wenn Ihr ein wenig Eurer Zeit der Anbetung des Allerheiligsten Sakraments widmet, werdet Ihr von der Quelle der Liebe, der Eucharistie, die freudige Entschlossenheit erhalten, das Leben der Nachfolge des Evangeliums zu widmen. Zugleich werdet Ihr erfahren, dass dort, wo unsere Kräfte nicht ausreichen, es der Heilige Geist ist, der uns verwandelt, uns seine Kraft schenkt und uns zu Zeugen macht, die vom missionarischen Eifer des auferstandenen Christus erfüllt sind.

---

[232] vgl. KKK, 1302–1304

[233] vgl. KKK, 1322; Nachsynodales Apostolisches Schreiben *Sacramentum caritatis,* 17

Literaturhinweise

AA. VV., *Il Sacramento della Confermazione,* Divinitas 30 (1986) 208-209

AA. VV., *Questions actuelles sur la Confirmation,* in: La Maison Dieu, 4. trimestre 1986 (Gy, Becker, Noret, de Clerck, Bornert, Holeton, Sarda, Brulin)

AA. VV., *La Confermazione e l'Iniziazione cristiana,* Quaderni di Rivista Liturgica n. 8, Torino-Leumann 1967, 295 S.

AA. VV., *DictThéolCath* 3 (1908 1026-1093)

ADAM, ADOLF, *Das Sakrament der Firmung nach Thomas von Aquin,* Diss. Mainz 1956, Freiburg 1958, 131 S. (Freiburger theologische Studien, 73)

ADAM, ADOLF, *Firmung und Seelsorge. Pastoraltheologische und religionspädagogische Untersuchungen zum Sakrament der Firmung,* Düsseldorf 1959, 262 S. (Habilitationsschrift Bonn 1959)

ADAM, ADOLF, *La préparation à la confirmation,* Lumen Vitae 17 (1962) 101-122

ALDAZÁBAL, JOSÉ, *Dimensión trinitaria de la celebración de la confirmación,* Estudios trinitarios, 27 (1993, 3) 319,

AUER, J., *Die Sakramente der Kirche,* (Kleine Kath. Dogmatik, Bd. VII) Regensburg 1972, 1979, 79-113

AUF DER MAUR, H.; KLEINHEYER, B., *Zeichen des Glaubens. Studien zu Taufe und Firmung* (FS B. Fischer), Zürich-Einsiedeln 1972

BAREILLE, G.; BERNARD, P.; MANGENOT, C., *Confirmation,* in: DThC 3/1, col. 1026-1093

BAUDRY, GÉRARD-HENRY, *Le sacrement de Confirmation. Dans le dynamisms de l'esprit,* Paris 1981

BECKER, W., *Das Sakrament der Vollendung in Schrift und Liturgie,* Lebendiges Zeugnis 9 (1951) 9-18

BELLARMINUS SJ, ROBERTUS († 1621), in: Opera Omnia, ed. J. Fèvre, Paris 1873; reed. Frankfurt 1965, Bd. 3, S. 588-618; *De sacramento confirmationis,* ed. Vives, Paris 1870, 3588 s.

BENNING, ALFONS, *Gabe des Geistes. Zur Theologie und Kathechese des Firmsakramentes,* Kevelaer-Hildesheim 1972; *Das Firmsakrament als Gabe des Hl. Geistes,* Lönigen 1992

BIEMER, G., *Die Firmung als Sakrament der Eingliederung in die Kirche,* Würzburg 1976

BOROBIO, DIONISIO, *Confirmación e iniciación cristiana,* Estudios trinitarios, 27 (1993, 2) 221

BREUNING, WILHELM, *Apostolizität als sakramentale Struktur der Kirche. Heilsökonomische Überlegungen über das Sakrament der Firmung,* in: Volk Gottes ... Festgabe für Josef Höfer, Freiburg/Br, Basel, Wien 1967, 132-163

BRUNNBAUER, M., *Die Firmung im Lichte des Tridentinums,* Diss. Regensburg 1982

CAMELOT, T., *Bautismo y confirmación en la Teología contemporanea,* Barcelona 1961

CARPIN, ATTILIO DI, *La Confermazione in San Tommaso d'Aquino. L'apporto della tradizione,* Sacra Doctrina 31 (1986) 247-463

CARR, EPHREM, *La Cresima,* Atti del VII congresso internazionale di Liturgia, Roma, Pont. Inst. Liturgico, 6.-8- 5. 2004 (Analecta liturgica, 26), Roma 2007, 279 pp. Fbc 8481

CECCHINATO, ANGELO, *Celebrare la confermazione. Rassegna critica dell'attuale dibattito teologico sul sacramento,* Padova 1987 („Caro salutis cardo", 3)[Rez.: Kleinheyer, B., ThRv 86 (1990) Sp. 136-137]

CHRISTIAN OP, R., *Midway between Baptism and Holy Orders: Confirmation,* Angelicum 69 (1992) 157-175

COFFY, ROBERT, *Der Spender der Firmung,* Internationale Katholische Zeitschrift „Communio" 11 (1982) 441-443

CONGAR OP, YVES MARIE JOSEPH, *Esprit Saint et confirmation,* Bruxelles 1972

COPPENS, J., *Confirmation,* DB (Suppl.) II, (1924) 120-153

DACQUINO, PIETRO, *Un dono di Spirito profetico. La cresima alla luce della Bibbia,* Torino 1992

DACQUINO, PIETRO, *La confirmación desde la presencia del Espíritu Santo en la Iglesia naciente,* Estudios Trinitarios 27 (1993) 3-20

DANIÉLOU SJ, JEAN, *L'entrée dans l'histoire du Salut. Baptême et confirmation,* Paris 1967

DAVIS, CHARLES, *Sacraments of initiation: Baptism and confirmation* NY: Sheed and Ward (1964) 159 p.

DÖLGER, FRANZ J., *Das Sakrament der Firmung,* Wien 1906

FERRARO SJ, GIUSEPPE, *Il dono dello Spirito. Il sacramento della cresima alla luce della liturgia,* Civilta Cattolica 130 (1979) 348-362

FIGURA, MICHAEL, *»Sei besiegelt durch die Gabe Gottes, den Heiligen Geist«. Christliches Leben aus dem Sakrament der Firmung,* Communio 23 (1994) 217-228

FRANSEN, P., *La confirmation,* Orbis Catholicus 2 (1959) 422-441

FUSTER OP, SEBASTIÁN, *La confirmación y el sacerdocio de los fieles. (El sacerdocio de Cristo y los diversos grados de su participación en la Iglesia,* 26. Semana española de teología. Coloquio teológico internacional, (Madrid 19.-25.9.1966), Madrid 1969, 317-344

GERARDI, RENZO, *Il sacramento della confermazione e il dono dello Spirito Santo,* Lateranum 47 (1981) 493-506

GONZALEZ FUENTE, A., *Confirmation, Liturgía y pastoral,* GranEncRialp, t. 6, Madrid 1979, 228-230

GRANADO, CARMELO, *La confirmación en el siglo IV: Ambrosio de Milán, Catequesis Jerosolimitanas, Juan Crisóstomo,* Estudios trinitarios 27 (1993, 1) 21-79

GRANADO BELLIDO SJ, CARMELO, *La confirmación en el siglo IV. Ambrosio de Milán, Catequesis Jerosolimitanas, Juan Crisóstomo*, Estudios Trinitarios 27 (1993) 21-79

GRILLMANN, FRANZ, *Zur Lehre der Scholastik vom Spender der Firmung und des Weihesakramentes*, Paderborn 1920

HAMMAN, ADALBERT, *Baptême et confirmation*, coll. Le Mystère chrétien, Paris 1969

HARKIANAKIS, STYLIANOS, *Die ekklesiologische Bedeutung von Taufe und Firmu*ng, in: Taufe und Firmung. Zweites Regensburger ökumenisches Symposion, Regensburg 1971, 73-89

HAUKE, MANFRED, *La relazione fra Confermazione ed Eucaristia come problema teologico e pastorale*, Rivista teologica di Lugano 3 (3/1998: Miscellanea Torti) 645-658

DERS., *Die Firmung. Geschichtliche Entfaltung und theologischer Sinn*, Bonifatius-Verlag, Paderborn 1999, 524 S. [S. 469-500: Literaturverzeichnis !]

DERS., *Das Sakrament der Firmung*, in: W. Brandmüller, Christus in den Sakramenten der Kirche, Aachen 1998, 81-113

DERS., *Das spezifische Profil der Firmung zwischen Taufe und Eucharistie*, in: Heiliger Dienst 56 (2002) 192-206

HÖRMANN, KARL, *Firmung*, in: Lexikon der christlichen Moral, LChM 1969, Sp. 381-388 (http://www.stjosef.at/morallexikon/firmung.htm)

JUGIE, M., *Theologia Dogmatica Christianorum Orientaoium ab Ecclesia dissidentium*, t. 3, Paris 1930, 126-176, t. 5, Paris 1935, 289 ff., 658 ff.

KLEINHEYER, B., *Zeichen des Glaubens, Studien zu Taufe und Firmung*. Balthasar Fischer zum 60. Geburtstag, Frankfurt 1972, 430 S.

KOCH, GÜNTER, *Sakramentenlehre*, Graz; Wien; Köln 1991 (Texte zur Theologie: Abteilung Dogmatik; 9) 1. *Allgemeine Sakramentenlehre bis Firmung*, 222 S.

KREIML, JOSEF, *Die Firmung – ein entscheidender Schritt auf dem Weg ins mündige Christsein*, Forum katholiche Theologie 24 (2008) 43-52

KUNZLER, MICHAEL, *Die Firmung - Sakrament der Entscheidung?*, Klerusblatt 70 (1990) 273-275

LANG, WALTER, *Katechetische Hinführung zum Empfang der Firmung*, in: Der Heilige Geist am Werk in Kirche und Welt, 1999, S. 109-139

LANGGÄRTNER, GEORG, *Die Taufe bei Maximus von Turin*. Zeichen des Glaubens. Studien zu Taufe und Firmung. (S. 71-81) Balthasar Fischer zum 60. Geburtstag, Zü/Eins/Köln-Frb/B/Bas/Wien 1972

LATREILLE, J., *L'effet de la confirmation chez S. Thomas d'Aquin*, RevThom 57 (1957) 5-28, 58 (1958) 214-243

LEAL DUQUE, IGNACIO, *La naturaleza del cáracter sacramental reflejada en los documentos del Concilio Vaticano II. Sacramento de la Confirmación*, Madrid 1970, VII, S. 142-200 (Univ. Pont. de Comillas), aus: Verdad y vida Nr. 110 (1970)

LECLERCQ OSB, JEAN-PIERRE, *La confirmation*, Paris: Desclée de Brouwer 1989, 101 S.

LIGIER SJ, LOUIS, *La confermazione. Significato e implicazioni ecumenichi ieri e oggi,* Roma 1990

LYNCH OFM, KILIAN F., *The sacramental grace of confirmation in thirteenth-century theology,* FrancSTud 22 (1962) 32-149

MARTIMORT, A. G., *Los signos de la nueva alianza,* Salamanca 1965

MEDINA ESTEVEZ, JORGE, *La confirmación. Vosotros daréis testimonio,* Ediciones Paulinas, Santiago de Chile 1990, 171 pp.

MEYER, HANS BERNHARD, *Aus dem Wasser und dem Heiligen Geist* (Aus Wasser und Geist). *Das Sakrament der Taufe und der Firmung.* (Der Christ in der Welt. Eine Enzyklopädie. VII. Reihe - Die Zeichen des Heils - Bd. 3a/b, Aschaffenburg 1969

MIRALLES GARCÍA, A. J., *Confirmation. Teología,* GranEncRialp, t. 6, Madrid 1979, 223-229

MOVILLA, SECUNDINO, *Los jóvenes y la confirmación: situación actual, criterios y perspectivas pastorales,* Phase 45. (2005), 265, S. 37-64

MÜHLEN, HERIBERT, *Sakramente und Kirche. Firmung und Konfirmation als Eingliederung der Geistesgaben in die Kirche,* KNA 32 (8.8.79) 5-7/ 33 (15.8.79) 5-7

NEUMANN, J., *Der Spender der Firmung in der Kirche des Abendlandes bis zum Ende des kirchlichen Altertums. Eine rechtsgeschichtliche Untersuchung,* Meitingen 1963 [Rez: May, Georg, in: TThZ 73 (1964) 125f.]

NEUNHEUSER OSB, BURKHARD, *Taufe und Firmung.* (Handbuch der Dogmengeschichte, hrsg. von M. Schmaus, J. R. Geiselmann, A. Grillmeier, Bd. VI: Sakramente, Fasz. 2, Freiburg 1956, ²Freiburg-Basel-Wien 1982

NIEßNER, RAPHAEL, *Die heilige Firmung,* Verlagsbuchhandlung der Benediktiner, Abteilung Katechse, D-93352 Rohr i. NB (36 S.)

NORDHUES, PAUL; PETRI, H., *Die Gabe Gottes. Beiträge zur Theologie und Pastoral des Firmsakramentes,* Paderborn 1974

PERRIN, BERTRAND M., *Le caractère de la confirmation chez saint Thomas,* Revue Thomiste 98 (1998) 225-265,

PHILIPON, M. M., *Los dones del Espíritu Santo,* ³Madrid 1983

PREMM, M., *Allgemeine Sakramentenlehre, Taufe, Firmung, Eucharistie,* Wien 1954

RADL, WALTER, „*Firmung" im Neuen Testament?,* Internationale Katholische Zeitschrift „Communio" 11 (1982) 427-433

REGLI, S., *Das Sakrament der Firmung,* Freiburg-Schweiz 1975,

ROYO MARÍN, ANTONIO, *El gran desconocido. el Espíritu Santo y sus dones,* ⁸Madrid 1998, (BAC) 233 pp.

RÖSSELER, H., *Gedanken zur Firmung,* Lebendiges Zeugnis 9 (1951) 19-29

SCHEFFCZYK, LEO, *Die Firmung als Sakrament der Kirche,* Christliches ABC. Heute und Morgen, Bd. IV Gruppe 4 S. 1-7 (1979-1982) 1-7

SCHOISWOHL, J., *Neubesinnung zur Firmung,* Theologisch-praktische Quartalschrift 116 (1968) 16-20,

SCHÜTZEICHEL, HERIBERT, *Calvins Kritik an der Firmung.* in: G. Langgärtner: Die Taufe bei Maximus von Turin, Zürich/Freiburg i. Br./Köln/Basel/Wien 1972. S. 123-135

SIEBEL, WIGAND, *Die Stellung der Firmung unter den Initiationssakramenten,* Theologie und Glaube 78 (1988) 223-241

SPÖLGEN, JOHANNES, *Sakramente zu unserem Heil. Überlegungen am Beispiel der Firmung,* Forum Katholische Theologie 13 (1997) 187-197

THOMAS VON AQUIN, *Die Sakramente. Taufe und Firmung,* Salzburg/Leipzig 1935 (Deutsche Thomas-Ausgabe, Bd. 29)

THORNTON, LIONEL SPENCER, *Confirmation, its place in the baptismal mystery,* Westminster 1954

TRIACCA, A. M., *La confirmación y el don del Espiritu,* Estudios trinitarios 27 (1993) 163-219 (Bibliographie: 193-219)

TWOMEY SVD, VINCENT, *Die Firmung,* in: H. Luthe (Hrsg.), Christusbegegnung in den Sakramenten, Kevelaer 1981, 245-288

UMBERG SJ, JOHANNES BAPTIST, *Eine Schriftlehre vom Sakrament der Firmung. Eine biblisch-dogmatische Studie,* Freiburg i. Br. 1920

VAGAGGINI OSB, CIPRIANO, *La perspectiva trinitaria en la liturgia del bautismo y de la confirmación antes del Concilio de Nicea,* EstTrin 7 (1973) 3-24

VILLALMONTE, A. DE, *Teología de la confirmación,* Barcelona 1965

WALTER, EUGEN, *Das Siegel des lebendigen Gottes. Die Firmung als Sakrament der Geistmitteilung und ihre Bedeutung für das Leben des Christen,* Freiburg i. Br. 1938

WALSH OP, LIAM G., *The Sacraments of Initiation: Baptism,Confirmation, Eucharist,* London 1988, 256 S.,

WEISWEILER SJ, HEINRICH, *Das Sakrament der Firmung in den systematischen Werken der ersten Frühscholastik,* Scholastik 8 (1933) 481-523

WINZEN OSB, D., *Vom Sakrament der Firmung,,* Lebendiges Zeugnis 9 (1951) 3-8

ZERNDL, JOSEF, *Die Theologie der Firmung in der Vorbereitung und in den Akten des zweiten Vatikanischen Konzils, „Sacramento Confirmationis perfectius Ecclesiae vinculantur tamquam veri Christi testes."* (Cf. LG 11)., Exz., Romae 1984, Paderborn 1986 (Bibliographie: XVII-CXVII)

ZIEGENAUS, A., *Die Firmung. Theologische und praktische Problempunkte,* in: Ziegenaus, A., Verantworteter Glaube. Theologische Beiträge 2, Buttenwiesen 2001, 89-106

Bibelindex

144

Zitierte Autoren und Texte

Ambrosius (339-397),

De mysteriis 7, 42	33, 127
De Sacramentis, lib. 2, c. 7, 24	34
De Sacramentis, lib. 3, c. 2, n. 8-10	34
De Sacramentis, lib. 6, c. 1, n. 6-8	35
De Sacramentis, lib. 6, c. 2, n. 6-8	35

Aristoteles,

2 Physicorum, tex. 88 ss., c. 9	54
in 4. Eth. c. 15	68

Augustinus (354-430),

Contra literas Petiliani Donatistae, 2, 104, 239	42
Enn. in Ps. 130, 5	39
In Ep. Johannis ad Parthos, tract. 3, 5	39
In Ep. Johannis ad Parthos, tract. 6, c. 3, n. 10	40
In Joh. Ev. tract. 80, 3	60
Sermo 227	41

Beda Venerabilis OSB (672/3-735),

In Lucae Ev. expositio, lib. 6, in Lc 22, 39	45

Benedikt XVI

(20. 7. 2007), *Botschaft anlässlich des 23. Weltjugendtages*	136

Bonaventura OFM (1217/18-1274),

Breviloquium, p. 6 c. 6	52
Breviloquium, p. 6 c. 8	52
In Sent. IV, d 7 a 1 q 1 ad 2	55
In Sent. IV, d 7 a 2 q 1 ad 1	56
In Sent. IV, d 7 a 2 q 1 ad 4	57

Stichworte

Nova et Vetera.
Texte und Kommentare zu Themen christlicher Spiritualität

Hrsg. von Prof. Dr. Johannes Stöhr

Band 1: **Christliche Freude**, St. Ottilien 1988 (180 Texte, jeweils Orig. mit deutscher Übers; 160 Seiten)

Band 2: **Loslösung und Entsagung,** St. Ottilien 1988 (109 Texte; 114 S.) http://www.teol.de/abn.pdf

Band 3: **Die Taufe,** St. Ottilien 1988 (107 Texte; 140 Seiten)

Band 4: **Christliche Freundschaft** (90 Seiten) (91 Texte; 90 Seiten), St. Ottilien 1988 [http://www.teol.de/amicitia.pdf]

Band 5: **Brüderliche Zurechtweisung,** St. Ottilien 1989 (149 Texte; 176 S.)

Band 6: **Tapferkeit und Starkmut,** Bamberg 1995 (276 Texte; 313 S. (http://-www.teol.de/Fort.pdf)

Band 7: **Die Firmung, Sakrament Christi und der Kirche**, Köln 2008, (141 Texte; 154 S.)